Ilka Sokolowski

Sophie Schmid

Wir feiern
durch das
ganze Jahr

Ilka Sokolowski arbeitete nach dem Studium der
Germanistik, Anglistik und Philosophie in Hannover
mehrere Jahre als Redakteurin der Zeitschrift
spielen und lernen und als Lektorin der Treff-Jugendbücher.
Seit 1998 ist sie freiberufliche Autorin mit dem
Schwerpunkt Kindersachbuch.

Sophie Schmid hat Kommunikations-Design an der
Fachhochschule München und Freie Malerei an
der Kunstakademie München studiert. Sie ist seit 1995 als
freischaffende Illustratorin und Autorin tätig. Eine Vielzahl
erfolgreicher Kinderbücher stammt
aus ihrer Feder.

Mit großem Dank
an Jana,
die Meisterin des Moosgummis

Ilka Sokolowski
Sophie Schmid

Wir feiern
durch das
ganze Jahr

Das Hausbuch
der Feste
und Bräuche

GERSTENBERG

4

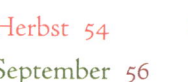

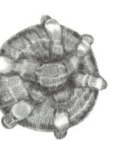

8

Man muss die Feste feiern, wie sie fallen …

… sagt das Sprichwort. Aber warum feiern wir Silvester eigentlich ausgerechnet am 31. Dezember? Und was verbirgt sich hinter einem Rummelpott? Ohne dass wir die Hintergründe des jeweiligen Brauchtums immer ganz genau kennen, ist uns vieles doch längst selbstverständlich geworden. Bräuche, Feste und Rituale begleiten uns durch das Leben, sie geben dem Jahreslauf Struktur und setzen Glanzlichter im Alltag: Das Osterfest im Frühling, die Johannisfeuer in der Mittsommernacht, Erntefeste im Herbst, der Advent und schließlich Weihnachten im Dezember sind bekannte Fixpunkte im Kalender.

Ein Großteil unserer Feste ist eng mit dem christlichen Glauben verknüpft. Dahinter scheinen aber oft noch viel ältere Bräuche aus vorchristlicher Zeit auf. Andere wie das amerikanische Halloween sind neu hinzugekommen. Auch aus dem jüdischen und islamischen Kulturkreis haben Feste Eingang in unseren Alltag gefunden. Dieses Buch will neugierig machen auf Altes und Neues und Anregungen geben für ein lebendiges Brauchtum im Wandel der Zeit – quer durch alle Regionen Deutschlands und die verschiedenen Kulturkreise, die unser Miteinander prägen.

Viel Vergnügen beim Entdecken und Feiern!

FRÜHLING

Endlich wird es Frühling! Zu kaum einer
anderen Jahreszeit nehmen wir so intensiv wahr,
wie Licht und Wärme unser Wohlbefinden
beeinflussen. Schon in heidnischer Zeit pflegten
die Menschen Rituale, um die zunehmende
Kraft der Sonne zu beschwören.

Im Laufe der Jahrhunderte gingen einige
dieser uralten Sitten in christlichen Bräuchen
auf, denn die Frühlingszeit ist auch die Zeit von
Ostern, dem höchsten Fest der Christen, dem
bald darauf Pfingsten folgt.

Zugleich können wir von März bis Mai fast
täglich beobachten, wie sich zarte Blüten öffnen,
Knospen aufspringen und das erste Grün
sprießt – lauter Anlässe, das Wiedererwachen
der Natur und eines neuen Lebensgefühls zu
feiern …

FRÜHLING

Ausgerechnet der römische Kriegsgott Mars stand als Namensgeber für den **März** Pate. Mars war aber nicht nur der Gott des Krieges, sondern auch des Wetters. Im März scheinen Winter und Frühling miteinander zu kämpfen.

Frühlingsanfang!

Kalendarisch beginnt der Frühling mit der Tagundnachtgleiche, dem Zeitpunkt, an dem Tag und Nacht genau gleich lang dauern. Auf der Nordhalbkugel der Erde tritt die Tagundnachtgleiche im Frühjahr am 20. oder 21. März ein.

Die Rückkehr des Lichts

Im März ist es bereits deutlich zu spüren: Der Winter neigt sich seinem Ende zu und die Tage werden wieder heller. Wie ungeduldig die Rückkehr von Wärme und Licht in früheren Zeiten erwartet wurde, als der Winter nicht nur eisige Kälte, sondern oft Hunger und Not mit sich brachte, zeigen die vielen Bräuche zum Winteraustreiben.

Vom Todaustragen und Sommergewinn

Beim Todaustragen wird eine Strohpuppe durch den Ort getragen und verbrannt. Dieser alte Brauch ist vor allem in Mitteleuropa verbreitet. Mit dem Todaustragen machte man nicht nur den dunklen Wintermonaten ein Ende, sondern allem Düsteren, das die Menschen bedrückte. Nicht ohne Grund findet der Brauch in der Fastenzeit statt, meist an Laetare, dem dritten Sonntag vor Ostern.

Das Austreiben des Winters und Herbeirufen des Sommers gehören zusammen. Sommergewinn heißt eines der ältesten Frühlingsfeste in Deutschland, das am Wochenende vor Laetare in Eisenach stattfindet. Vermutlich gab es schon im 13. Jahrhundert den Brauch, ein Holzrad mit einer brennenden Strohpuppe einen Berg hinunterzurollen.

Gebildbrote

Brot oder Gebäck in einer bestimmten Form stehen symbolhaft für Feste und segensreiche Wünsche. Solche Gebildbrote wurden zu den verschiedensten Anlässen hergestellt, auch zum Frühlingsbeginn. Die Brezel, das Zunftzeichen der Bäcker, ist sogar eines der ältesten Gebildbrote. Ihre Form lässt sich leicht zum Sonnenrad abwandeln.

Der 1. März ist auch Orakeltag: Um die Mitternachtsstunde dreimal um das eigene Bett gehen, dann rasch hineinschlüpfen und einschlafen. Im Traum wird sich der künftige Ehepartner zeigen …

Brezeln oder Sonnenräder

Zutaten für 4 große oder mehrere kleine Gebäckstücke:
500 g Mehl
20 g frische Hefe (1/2 Würfel)
100 g Butter
3 TL Zucker, 1 Prise Salz
300 ml lauwarme Milch
1 Eigelb zum Bestreichen

Zubereitung: Die zerbröselte Hefe mit einem Teelöffel Zucker und etwas lauwarmer Milch in einer Tasse verrühren. Mehl, Salz und Zucker in eine Schüssel geben. Die Butter in der restlichen lauwarmen Milch zergehen lassen und mit der angerührten Hefe zum Mehl geben. Einen Teig kneten und mit einem Tuch abgedeckt etwa 45 Minuten gehen lassen. Der Teigklumpen sollte etwa die doppelte Größe erreichen. Erneut kurz durchkneten, in gleich große Stücke teilen, diese zu Rollen und dann zu Brezeln formen. Für Sonnenräder werden die Teigrollen kreisförmig gelegt, in die Mitte kommen zwei wie die Speichen eines Rades gekreuzte dünnere Rollen. Der Kreisrand kann durch Einschnitte verziert werden. Die geformten Stücke erneut kurz gehen lassen, mit einem verquirlten Eigelb bestreichen und im vorgeheizten Backofen bei 200 Grad etwa 25 Minuten goldbraun backen.

Wer findet den Frühling?

Blühende Frühlingsboten sind uns nach dem langen Winterschlaf der Natur hochwillkommen. Die duftenden kleinen Veilchen wurden bereits im Mittelalter verehrt. Wer das erste Veilchen entdeckt, darf sich etwas wünschen! Es soll so sicher in Erfüllung gehen, wie nun der Frühling Einzug halten wird.

Auf dem Weg zum Osterfest

Nun dauert es nicht mehr lange bis Ostern. Die siebenwöchige Fastenzeit, die im Februar begonnen hat, geht dem Ende zu. Zuvor jedoch findet sie ihren Höhepunkt in der Karwoche, die am Palmsonntag beginnt. Das ist der letzte Sonntag vor Ostern.

Wann ist Ostern?

Ostern ist ein bewegliches Fest: Den genauen Zeitpunkt bestimmt der Sternenhimmel. Entscheidend ist, wann der erste Vollmond im Frühling am Himmel steht. Der erste Sonntag nach diesem ersten Frühlingsvollmond ist dann der Ostersonntag. Der früheste Termin hierfür ist der 22. März, der späteste der 24. April.

Der Palmsonntag wird auch Grüner Sonntag genannt. Die Bibel erzählt, wie Jesus auf einem Esel in Jerusalem einzog und eine begeisterte Menge ihn empfing. Viele Menschen breiteten ihre Kleider auf der Straße aus, andere schnitten Zweige von den Bäumen und streuten sie auf den Weg, heißt es im Matthäus-Evangelium. Und der Evangelist Johannes schildert, dass viele Bürger Jerusalems Jesus mit Palmzweigen entgegeneilten, um den lang erwarteten König Israels zu begrüßen.

Zur Erinnerung an den Einzug von Jesus Christus in Jerusalem und den Beginn seines Leidensweges begehen Christen in aller Welt den Palmsonntag. In einer feierlichen Prozession wird ein Kreuz in die Kirche getragen. Kinder und Jugendliche bringen symbolische Palmzweige, die geweiht und wieder mit nach Hause genommen werden.

Früher dienten die geweihten Zweige, in den Acker oder die Gartenerde gesteckt, als Fruchtbarkeitssegen. Je nach Region heißen die Palmzweige Palmstecken, Palmstange, Palmbuschen oder Palmstock.

Sieben grüne Zweige: Palmstock selbst gemacht

Gut geeignet für einen Palmstock sind möglichst gerade gewachsene und von Seitentrieben befreite Zweige oder Bambusstäbe. Mit dünnem Blumendraht wird ein kleiner Strauß aus Sal-Weide, Buchsbaum, Stechpalme, Haselstrauch, Wacholder, Eiche und Immergrün an der Spitze des Stabes befestigt. Für einen besonders üppigen Palmstock schmückt man nicht nur die Spitze, sondern auch die Mitte und das untere Ende mit einem Strauß grüner Zweige, wobei die Größe von oben nach unten zunimmt. Bunte Schleifenbänder, in die Zweige gebunden, setzen hübsche Farbkontraste. Wer mag, umwickelt den ganzen Stab mit Bändern, bevor die Zweige dazukommen.

Der grüne Donnerstag

Gründonnerstag ist der Tag vor Karfreitag. Die Bibel erzählt, wie Jesus am Abend vor seiner Gefangenschaft und Kreuzigung mit seinen Jüngern zum traditionellen Essen vor dem Pessach-Fest zusammenkam. Ihre letzte gemeinsame Mahlzeit ist der Ursprung des christlichen Abendmahls. In den Kirchen wird an diesem Tag die Einsetzung des Abendmahls mit Brot und Wein gefeiert.

Der Name Gründonnerstag leitet sich ab von dem althochdeutschen Wort „gronan" für greinen oder weinen. Früher war es üblich, Sünder am Aschermittwoch aus der Gemeinschaft auszuschließen. Am Tag vor Karfreitag endete dann die Bußzeit der „Greinenden". So konnten alle gemeinsam die Auferstehung Jesu feiern.

Grüne Speisen

Auch wenn der Gründonnerstag nicht direkt mit der Farbe Grün zu tun hat, fällt er doch in eine Zeit, in der überall das neue Grün sprießt. Frische Kräuter haben jetzt Hochsaison.

Kein Wunder, dass am Gründonnerstag in vielen Gegenden grüne Gerichte auf den Tisch kommen! Eines der bekanntesten ist die Frankfurter Grüne Soße, die Grie' Soß', die besonders gut zu Pellkartoffeln passt. Feinkostläden und Wochenmärkte bieten oft zusammengestellte Kräutersträuße für die Grie' Soß' an.

Grüne Soße aus sieben Kräutern

Zutaten für 4 Personen:

Petersilie, Sauerampfer, Schnittlauch, Kerbel, Borretsch, Kresse, Pimpinelle nach Geschmack (gehackt, von jeder Sorte etwa eine Hand voll)

500 g Joghurt, 200 g Schmand, 3 hart gekochte Eier, 2 TL mittelscharfer Senf, Zitronensaft, Salz, Pfeffer, Zucker

Zubereitung: Die Kräuter waschen, trocken tupfen und sehr fein schneiden. Mit Joghurt und Schmand mischen. Die gekochten Eier pellen, fein hacken und dazugeben. Mit Zitronensaft und Gewürzen abschmecken.

Karfreitag: Der stille Tag

Am Karfreitag gedenken Christen der Kreuzigung von Jesus. An diesem Tag wird die Welt etwas stiller. In den katholischen Kirchen verstummen schon am Vorabend Orgel und Glocken. Die Trauer über den Tod Jesu lässt sie schweigen. Im Volksmund heißt es: Die Glocken fliegen jetzt nach Rom. Erst in der Osternacht werden sie zurückkehren, um mit ihrem Wohlklang die Auferstehung Jesu zu feiern. Statt der Glocken kommen in vielen katholischen Gemeinden Bayerns und Frankens Holzratschen oder Klappern zum Einsatz. Vor allem Kinder ziehen durch den Ort und rufen mit ihrem Lärm die Menschen zur inneren Einkehr auf.

Auch im weltlichen Alltagsgeschehen nimmt der Karfreitag einen besonderen Platz ein. In Deutschland haben die Bundesländer unterschiedliche Feiertagsregelungen, doch der Karfreitag gilt überall als „stiller Feiertag". So finden zum Beispiel keine öffentlichen Tanzveranstaltungen statt und auch die Geschäfte bleiben geschlossen. In früheren Zeiten ließ man sogar während der gesamten Karwoche die Feldarbeit ruhen.

Das *Kar* von **Karfreitag** und Karwoche entstammt dem althochdeutschen Wort *Chara* oder *Kara*. Es bedeutet Trauer oder auch Klage.

Karsamstag

Früher nutzten die Menschen den Tag zwischen Karfreitag und dem ersten Ostertag für die Vorbereitung der Osterfeierlichkeiten. Nach der langen Fastenzeit mussten eine Menge köstlicher Speisen für das festliche Ostermahl bereitet werden.

So verwandelte sich der Karsamstag zum inoffiziellen Backtag. Ein traditionelles Ostergebäck ist das Osterlamm, ein süßer Kuchen in der Form eines Lamms. Er soll daran erinnern, dass Jesus wie ein Opferlamm den Opfertod gestorben ist.

Die Feuer der Osternacht

In der Nacht zum Ostersonntag werden vielerorts die Osterfeuer entzündet. Ihr Licht begleitete schon vor Jahrhunderten die Gläubigen, die auf die Auferstehung Christi warteten, durch die Nacht. Es war üblich, bis zum Sonnenaufgang zu wachen.

Die Osterfeuer standen für die Hoffnung, dass mit Jesus Christus das Licht der Welt zurückkehrt. In einigen Gegenden Norddeutschlands nannte man das Osterfeuer Hildebrand, den „heiligen Brand". In der Vorstellung der Menschen schützte es vor Hexen, bösen Geistern und Flüchen.

Eier für Ostern

Am Karsamstag werden die Eier gekocht und bemalt, die zu Ostern versteckt oder verschenkt werden. Als Fruchtbarkeitssymbol sind Eier seit Jahrtausenden bekannt. In der christlichen Tradition wurden sie zum Sinnbild für das Grab, dem mit der Auferstehung Jesu neues Leben entspringt.

Osterlamm

Zutaten:

100 g weiche Butter	2 TL Backpulver
100 g Zucker	60 g gemahlene Mandeln
1 Päckchen Vanillezucker	1 EL Milch
1 Prise Salz	Lamm-Backform mit ca. 1 l
2 Eier	Fassungsvermögen
60 g Mehl	Butter für die Form
60 g Speisestärke	Puderzucker zum Bestäuben

Zubereitung: Butter, Zucker, Vanillezucker, Salz und Eier schaumig rühren. Mehl, Speisestärke und Backpulver mischen und dazugeben. Zum Schluss Mandeln und Milch unterrühren. Den Teig in die gefettete Backform füllen. Bei 180 Grad etwa 45 Minuten backen. Etwa 10 Minuten auskühlen lassen, dann aus der Form lösen. Vor dem Servieren mit Puderzucker bestäuben.

Es ist Ostern!

Ostern ist das älteste und höchste Fest der Christen, denn die Auferstehung von Jesus Christus bildet den Mittelpunkt des christlichen Glaubens. In vielen Kirchen feiern die Gläubigen die erste Ostermesse am frühen Morgen. In einer feierlichen Prozession wird die am Osterfeuer entzündete Osterkerze in das dunkle Gotteshaus getragen. Von Kerze zu Kerze wandert das Licht durch die versammelte Gemeinde, bis die ganze Kirche in hellem Glanz erstrahlt.

Wie das Osterfeuer symbolisiert die Osterkerze das Licht Gottes und den Triumph des Lebens über den Tod. Von Ostern an brennt sie im Altarraum in jedem Gottesdienst bis Pfingsten.

Nach der Ostermesse trifft man sich zum fröhlichen Osterfrühstück, denn Ostern bedeutet auch das Ende der langen Fastenzeit. Nun kommen all die Köstlichkeiten auf den Tisch, die nach den Wochen des freiwilligen Verzichts besonders gut schmecken: Osterkränze aus Hefeteig, süße Osterlämmer, bunte Eier in Kressenestern, Quarkspeisen mit frischen Kräutern und andere Leckereien.

Das jüdische Pessach

Mit dem Pessachfest erinnern die Juden an den Auszug des Volkes Israel aus Ägypten und das Ende seiner Versklavung. Pessach beginnt am 14. Nisan (im März oder April) und dauert acht Tage. Viele Vorschriften begleiten diese Zeit. So darf zum Beispiel nur ungesäuertes, nicht aufgegangenes Brot gegessen werden,

Mazzot oder Mazze genannt, denn die Israeliten mussten Ägypten so eilig verlassen, dass keine Zeit mehr blieb, Sauerteig zum Brotbacken anzusetzen. Nach der biblischen Überlieferung geschahen Tod und Auferstehung von Jesus während des Pessachfestes. Weil Pessach in der ersten Vollmondnacht des Frühlings beginnt, wurde das Osterfest am Sonntag nach dem Frühlingsvollmond gefeiert.

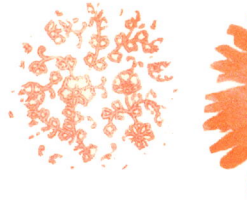

MÄRZ

Magisches Wasser

Dem Wasser von Quellen, Brunnen und Bächen wurde zu Ostern besondere Heilkräfte zugeschrieben. In der Osternacht schöpften unverheiratete Mädchen Wasser, das in der Ostermesse gesegnet wurde und bis zum nächsten Osterfest gegen Krankheit und Unglück aller Art helfen sollte. Ganz wichtig war es jedoch, beim Wasserholen zu schweigen – „Plapperwasser" verlor seine Wirkung.

Osterbrunnen

Wenn wir heute den Wasserhahn öffnen, denken wir kaum noch daran: Wasser ist ein kostbares Lebenselixier, sauberes und vor allem jederzeit verfügbares Trinkwasser keine Selbstverständlichkeit. Schon in alter Zeit wurde es deshalb in den österlichen Segen einbezogen. Brunnen spielten für die Versorgung von Mensch, Tier und Feld eine wichtige Rolle, sie durften nicht verschmutzen und vor allem nicht versiegen. Mit Brunnenfesten feierte man das lebensspendende Nass.

Ein noch relativ junger Brauch, der vermutlich erst im 19. Jahrhundert entstanden ist und vor allem in Franken gepflegt wird, sind die reich geschmückten Osterbrunnen. Vor Ostern werden die Dorfbrunnen mit Girlanden aus grünen Zweigen und bunten Eiern verziert, wobei die Gemeinden sich gegenseitig zu übertrumpfen versuchen. Inzwischen ziehen die prächtigen Eierbrunnen, die von Ostern an 14 Tage lang zu bestaunen sind, jedes Jahr zahlreiche Touristen an. Beliebte Ziele sind zum Beispiel die Brunnen in den fränkischen Orten Heiligenstadt und Bieberbach/Egloffstein. Auch außerhalb Frankens verbreitet sich der Brauch des Osterbrunnenschmückens immer weiter.

Labyrinthe entdecken

Viele berühmte Kirchenlabyrinthe befinden sich in französischen Kirchen, zum Beispiel in den Kathedralen von Chartres und Amiens. Doch auch in Deutschland gibt es Kirchenlabyrinthe. Das vermutlich älteste liegt auf dem Vorplatz von St. Severin in Köln. Im 12. Jahrhundert wurde es erstmals angelegt und in den 1970er-Jahren erneuert. Zahlreiche andere begehbare Labyrinthe sind auf der Internetseite *www.begehbare-labyrinthe.de* zusammengestellt.

Ostertanz und Labyrinth

Ostern ist ein Fest der Freude, und die lässt sich besonders gut im Tanz ausdrücken. Ein alter, aber kaum bekannter kirchlicher Brauch ist der Ostertanz. Er ist eng verknüpft mit dem Weg durch ein Labyrinth. So finden sich in Kirchenbüchern aus der Gotik Berichte von liturgischen Ostertänzen: Nach der Ostermesse wurde durch das in den Boden der Kirche eingelassene Labyrinth getanzt, wobei der Priester den Reigen anführte und dabei das Osterlicht in den Händen trug. Tanzend ging es in das Labyrinth hinein bis zur Mitte und dem Punkt der Umkehr, dann führte der Tanz in kunstvollen Schwüngen wieder hinaus.

Im Volksglauben stand der Gang durch das Labyrinth auch für den Weg ins heilige Jerusalem; wer sich die teure Reise dorthin nicht leisten konnte, hatte die Möglichkeit, den Weg symbolisch zu gehen.

MÄRZ

Die Sache mit dem Hasen

Wer nun eigentlich die Ostereier bringt, war nicht immer so ganz klar. Früher erzählte man den Kindern, der Storch habe sie gebracht, manchmal war es das Osterküken; auch Hahn und Fuchs wurden eingespannt. Letztlich machte der Hase das Rennen. Er ist im Frühjahr besonders häufig auf den Feldern zu sehen. Und vor allem ist er schnell! Nur er schafft es, die Eier zu verstecken und blitzschnell davonzulaufen, ohne entdeckt zu werden …

Ein Labyrinth konstruieren

Anders als ein Irrgarten hat ein Labyrinth weder Abzweigungen noch Sackgassen. Es gibt nur einen einzigen langen Weg, der so gewunden ist, dass er mal nah an die Mitte heranführt, dann wieder weit davon weg. So wird das Labyrinth zum Sinnbild für den verschlungenen Lebensweg und in der österlichen Betrachtungsweise auch für Tod und Auferstehung.

Es ist gar nicht schwer, selbst ein Labyrinth anzulegen – entweder als Miniatur auf einem Blatt Papier, aus dem dann eine meditative Malvorlage werden kann, oder als ein großes Labyrinth im Freien, das Kinder und Erwachsene gleichermaßen erkunden können. Als Wegmarkierung für draußen eignen sich Naturmaterialien aller Art. Der Weg kann durch Steine, Muscheln, Zapfen, Holzstückchen oder Sägespäne gelegt werden. Im Dunkeln wirken Markierungen aus Teelichten oder Kerzen, zum Schutz vor dem Nachtwind in Gläser gestellt, besonders eindrucksvoll.

Ein klassisches Labyrinth lässt sich einfach aus einem Kreuz, vier Winkeln und vier Punkten konstruieren.

· Eier über Eier – 50 Tage lang!

Dass ausgerechnet Eier zu Ostern eine so große Rolle spielen, liegt nicht nur daran, dass sie ein Symbol für Fruchtbarkeit und neues Leben sind. Vor allem im Mittelalter gab es strenge Fastengebote. Eier gehörten zu den verbotenen Speisen.

Doch gerade im Frühjahr, wenn die Tage wieder wärmer werden, legen auch die Hühner wieder mehr Eier. Während der Fastenzeit kommt es folglich zu einer Eierschwemme, sodass man an Ostern aus dem Vollen schöpfen konnte. Da die Osterzeit bis Pfingsten dauert, gab es 50 Tage lang Gelegenheit, Eier zu verschenken.

Segensreiches Rot

Schon seit vielen Hundert Jahren ist es üblich, zu Ostern Eier bunt zu färben. Der Farbe Rot kommt dabei besondere Bedeutung zu: Sie soll an das vergossene Blut Christi erinnern und ist gleichzeitig die Farbe des Lebens. Vor allem im Mittelalter wurden Eier fast ausschließlich rot gefärbt.

Spiel und Spaß mit gekochten Eiern

Eierticken

Ein Spielpartner hält sein Ei ruhig in der Hand, der andere schlägt seines mit der Spitze dagegen. Der, dessen Ei heil bleibt, darf auch das angetickte Ei behalten. Kleiner Tipp: Das spitze Ende eines Eis ist härter als das runde Ende. Das Eierticken wird je nach Region auch Eierdümpfeln oder Eierspecken genannt.

Eierrollen

Beim Osterspaziergang findet sich bestimmt ein kleiner Hang, von dem die Ostereier hinunterkullern können. Wessen Ei schafft es am weitesten? Welches kullert am schnellsten?

Eierwettlauf

Gut, um nach dem üppigen Osterfrühstück wieder ein bisschen in Schwung zu kommen: Jeder Mitspieler legt sein Ei auf einen Esslöffel. Auf das Startzeichen hin geht es los. Der Arm mit dem Löffel muss gestreckt bleiben – gar nicht so einfach! Und möglicherweise gibt es auch noch Hindernisse auf dem Weg. Wer schafft es samt Ei ins Ziel?

Eierpoizen

Bei diesem Spiel kommt es darauf an, genau zu zielen: Ein Spieler hält das Ei zwischen Daumen und Zeigefinger in die Höhe. Aus vorher festgelegtem Abstand versucht der andere Spieler, eine Münze auf das Ei zu werfen. Trifft er, gehört ihm beides, trifft er nicht, geht die Münze an den Mitspieler.

Auf ein Ei geschrieben

Ostern ist zwar schon vorbei,
Also dies kein Osterei;
Doch wer sagt, es sei kein Segen,
Wenn im Mai die Hasen legen?
Aus der Pfanne, aus dem Schmalz
Schmeckt ein Eilein jedenfalls,
Und kurzum, mich tät's gaudieren,
Dir dies Ei zu präsentieren,
Und zugleich tät es mich kitzeln,
Dir ein Rätsel drauf zu kritzeln.

Die Sophisten und die Pfaffen
Stritten sich mit viel Geschrei:
Was hat Gott zuerst erschaffen,
Wohl die Henne? Wohl das Ei?

Wäre das so schwer zu lösen?
Erstlich ward ein Ei erdacht:
Doch weil noch kein Huhn gewesen,
Schatz, so hat's der Has gebracht.

Eduard Mörike

Am letzten Wochenende im März werden die Uhren wieder auf **Sommerzeit** vorgestellt. In der Nacht von Samstag auf Sonntag geht uns zwar eine Stunde verloren, dafür können wir nun abends eine Stunde länger das Tageslicht genießen. Ende Oktober bekommen wir die fehlende Stunde zurück.

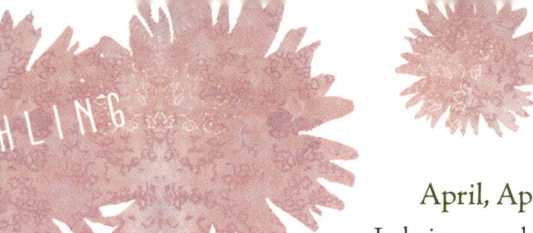

April, April!

In keinem anderen Monat ändert sich das Wetter so rasant wie im April. Auf Frühlingssonnenschein folgen wie im Zeitraffer Schnee- und Graupelschauer, dunkle Wolken liefern sich Wettrennen, bis der Himmel urplötzlich wieder blau ist.

Da passt es gut, dass der erste Tag dieses Monats fast überall auf der Welt als Narrentag gefeiert wird. Woher der Brauch stammt, ist nicht eindeutig geklärt. Vermutlich feierten schon die Römer um diese Zeit ein Narrenfest. In der christlichen Überlieferung heißt es, an diesem Tag sei Judas geboren worden, also der Jünger, der Jesus in der Nacht vor der Kreuzigung verraten hat. Dieser Tag wurde daher mit dem Teufel in Verbindung gebracht. Um den Teufel zu verwirren, musste man ihn zum Narren halten.

Womöglich waren auch Kalenderreformen der Ursprung der Aprilscherze: 1564 verlegte der französische Kaiser Karl IX. den Neujahrstag, der lange Zeit am 1. April gefeiert wurde, zurück auf den 1. Januar. Viele hielten das für eine „Narretei", an anderen ging die neue Regel vorbei, sodass sie sich in der Zeit nicht mehr zurechtfanden. Fest steht, dass am 1. April Erwachsene und Kinder ihren Spaß daran haben, sich Scherze auszudenken und sich gegenseitig auf fantasievolle Art hereinzulegen.

Knospe, öffne dich!

Der April hat seinen Namen vom lateinischen Wort *aperire*. Es bedeutet „öffnen" oder „aufschließen". In diesem Monat öffnen sich in der Natur Blüten und Knospen, alles sprießt und erneuert sich. Der alte Monatsname Launing verweist auf das wechselhafte, „launische" Wetter, das zu dieser Zeit vorherrscht.

Der Weiße Sonntag

Als *Dominica in alba* oder „Weißer Sonntag" wird der erste Sonntag nach Ostern bezeichnet. Es ist ein besonderer Tag, denn in der katholischen Kirche ist nun der Termin für die Erstkommunion der Kinder gekommen. Die Kommunionskinder sind festlich gekleidet, die Mädchen tragen weiße Kleider, Schleier oder Kränze, auch Kerzen und Blumenschmuck sind weiß – als Zeichen der Unschuld und der Reinheit.

Früher war es üblich, dass auch die zu Ostern Getauften weiße Taufgewänder trugen und diese erst nach einer Woche ablegten oder aber an diesem Sonntag das letzte Mal anzogen. Womöglich liegt auch in dieser Sitte der Ursprung für die Bezeichnung Weißer Sonntag.

Die Konfirmation, die die evangelischen Christen feiern, findet ebenfalls immer nach Ostern statt. Auch hierfür ist der Weiße Sonntag der erste Termin.

Jom haScho'a

In Israel ist der 27. Tag des Monats Nisan (April/Mai) ein wichtiger Gedenktag. Dann wird an die Opfer der Schoah erinnert. Um zehn Uhr morgens heulen zwei Minuten lang die Sirenen, im ganzen Land halten die Menschen inne und schweigen.

Ein weißer Baum

In manchen Regionen im Osten Deutschlands war es üblich, dass die Kommunionskinder nach dem festlichen Gottesdienst gemeinsam einen Obstbaum pflanzten. Er sollte ein Symbol für ihren festen und stetig wachsenden Glauben sein. Da die meisten Obstbäume außerdem weiß blühen, passte dieses Zeichen besonders gut zum Weißen Sonntag.

Der Tag der Erde

„Erst wenn der letzte Baum gerodet, der letzte Fluss vergiftet, der letzte Fisch gefangen ist, werdet ihr merken, dass man Geld nicht essen kann" (nach Häuptling Seattle).

Seit 1970 wird am 22. April der Tag der Erde begangen. Ursprünglich in den USA ins Leben gerufen, ist er heute in rund 190 Ländern ein fester Termin. Weltweit finden an diesem Tag Umweltschutzaktionen und Projekte statt, die nicht nur Aufmerksamkeit erregen wollen, sondern langfristig wirken sollen. Auch Kirchen und Schulen beteiligen sich an der Gestaltung.

Wie wäre es zum Beispiel, an diesem Tag mal auf das Auto zu verzichten und auf das Rad umzusteigen? Vor dem Einkauf daran zu denken, den Stoffbeutel einzustecken und keine Plastiktüten zu benutzen? Obst nicht in Plastikbehältern, sondern lose zu kaufen?

Auch wenn sich die Welt nicht an einem Tag retten lässt, lohnt es sich, gemeinsam zu überlegen, wie wir mit unseren Ressourcen umgehen und im Alltag umweltbewusst leben können. Kinder sind oft die besten Ideengeber. Das ist doch schon mal ein Anfang!

Georgiritt

Der 23. April ist der Tag des heiligen Georg, seit dem Mittelalter Schutzpatron der Ritter und Reiter. Zu diesem Datum finden vor allem in Süddeutschland Georgs- oder Georgiritte statt. Diese Wallfahrten führen häufig zu einer dem heiligen Georg geweihten Kirche oder Kapelle. Am Ende der Wallfahrt werden Pferde und Reiter feierlich gesegnet. Als eine der größten Pferdewallfahrten gilt der Georgiritt von Traunstein, der allerdings bereits am Ostermontag durchgeführt wird. Andere Wallfahrtsorte sind zum Beispiel Mittenwald, Bernbeuren und Senftenberg.

Ein Fest für Kinder

Am 23. April feiern türkische Kinder Çocuk Bayrami. Im Jahr 1920 wurde an diesem Tag das erste türkische Parlament ins Leben gerufen. Staatsgründer Atatürk erklärte den 23. April zum nationalen Unabhängigkeitstag und zum Kinderfest und verkündete: „Kinder sind unsere Zukunft!" Kinder dürfen an diesem Tag zum Beispiel als Lehrer oder Polizist in die Rollen der Erwachsenen schlüpfen. Ursprünglich wurde Çocuk Bayrami nur in der Türkei gefeiert, heute finden auch bei uns in vielen Städten deutsch-türkische Kinderfeste statt.

Tag des Buches

Nicht nur für Reiter ist der 23. April ein wichtiger Termin, sondern auch für Bücherfreunde: 1995 wurde er von der UNESCO zum „Welttag des Buches und des Urheberrechts" ausgerufen. Der 23. April ist außerdem der Todestag von Cervantes und Shakespeare. Zum Zeichen, dass die Literatur nach wie vor lebendig ist und auch heute noch eine besondere Rolle spielt, finden am Tag des Buches jedes Jahr viele Aktionen statt.

Ein guter Anlass, um vielleicht selbst eine Lesepatenschaft zu übernehmen, ein Buch zu verschenken oder mal wieder in einer Buchhandlung zu stöbern!

Nimm Entenfedern

Nimm Entenfedern
Löwenzahn
und einen Löffel Lebertran.
Sprich Hunke-
munke-mops dabei
und mische
einen dicken Brei.

Schmier dir
die Nasenspitze ein
und stell dich
in den Mondenschein.
Und schwebst du nun
nicht in die Nacht –
dann hast du was
verkehrt gemacht!

Max Kruse

Walpurgisnacht

In der Nacht vom 30. April auf den 1. Mai wird es unheimlich – zumindest an vielen Orten im Harz, wo sich Groß und Klein als Hexen verkleiden. Dann ist Walpurgisnacht, die Nacht, in der der Sage nach die Hexen auf ihren Besen zum Brocken fliegen.

Die Wurzeln der Walpurgisnacht liegen weit zurück in vorchristlicher Zeit. Germanische Stämme feierten mit Opfergaben an ihren Gott Wotan und mit Feuerritualen das Ende des Winters. Obwohl die heidnischen Stämme offiziell zum Christentum bekehrt worden waren, hielten noch zur Zeit Karls des Großen (747 – 814) viele Menschen im Geheimen an den verbotenen Kulten fest.

Um nicht erkannt und bestraft zu werden, tarnten sich die Feiernden mit Masken und abschreckenden Verkleidungen. Daraus entstand allmählich die Vorstellung vom nächtlichen Treffen von Hexen und Teufel. Die Kirche widmete den Tag nach der wilden Nacht bereits im 9. Jahrhundert der heiligen Walpurga, doch der Glaube an das dämonische Treiben ließ sich nicht eindämmen.

Tanz in den Mai

Spätestens am Vorabend des 1. Mai werden die Maibäume aufgestellt. Den klassischen Maibaum gibt es etwa seit dem 16. Jahrhundert. Er besteht aus einem glatten und möglichst hohen Fichten- oder Tannenstamm. An der Spitze des Maibaums ist ein grüner Kranz befestigt, von dem bunte Bänder herabhängen.

Unter dem Baum findet dann ein Tanzvergnügen statt, und das darf gerne bis zum nächsten Morgen dauern – man tanzt in den Mai hinein.

So kann man sicher sein, dass der Maibaum nicht geklaut wird! Das ist vor allem in Süddeutschland ein beliebter Brauch, denn die Gemeinde, der ihr Baum abhandenkommt, muss ihn mit einigen Fässern Bier wieder auslösen. Nach einer anderen Sitte diente der Maibaum früher als grüne Liebesbotschaft: Vor dem Haus der Angebeteten stellte der junge Mann mithilfe seiner Freunde in der Nacht eine junge Birke auf. Weniger nett war es hingegen, dem unbeliebtesten Mädchen des Dorfes ein Bündel trockenes Reisig an die Tür zu hängen ...

Der **Mai** wurde vermutlich nach der altitalischen Göttin Maia benannt, der Göttin der Erde und des Wachstums. Jedes Jahr im Frühjahr, etwa im heutigen Mai, feierte man im antiken Rom ihr zu Ehren ein Fest.

Maienholen

Eine schöne alte Sitte ist es, sich den Mai nach Hause zu holen. Birken liefern das erste frische Grün des Frühlings. Vielerorts war es üblich, die Haustüren mit jungen Birkenzweigen zu schmücken und so den Mai zu begrüßen. Das „Maienholen" findet in manchen Gegenden Norddeutschlands auch zu Pfingsten statt.

30

Tag der Arbeit

Ende des 19. Jahrhunderts kam es in den USA zu Massenstreiks durch eine Arbeiterbewegung, die eine Verkürzung der täglichen Arbeitszeit von zehneinhalb auf acht Stunden forderte. Die Streiks wurden blutig niedergeschlagen, es gab viele Tote unter den Arbeitern. Der 1. Mai wurde zunächst als Gedenktag für die Opfer dieser Bewegung ausgerufen. Heute ist er offizieller Feiertag in mehr als 130 Ländern der Welt, an dem humane Arbeitsbedingungen und gerechte Bezahlung eingefordert werden.

Alles neu macht der Mai

Früher war es üblich, frisch herausgeputzt zu den Maifesten zu erscheinen. Man hatte sich den Arbeitsschweiß der Woche abgewaschen und trug den besten Sonntagsstaat, oft die neuen Sommerkleider.

Auch in der Natur steht alles auf Neubeginn, Blumen und Blüten öffnen ihre Knospen. Jetzt beginnt die Zeit der Blütenfeste, die sich bis in den Sommer hinein erstreckt.

Ein Fest der Blüten

Blütenfeste finden in allen großen Obstanbaugebieten Deutschlands statt, zum Beispiel im Alten Land. Dort stehen die Apfelbäume im Mai in voller Blüte. Zentrum des Altländer Blütenfests ist Jork. Am ersten Maiwochenende wird hier die Blütenkönigin gewählt, die die Region dann für ein ganzes Jahr repräsentiert.

Im Havelland wird beim Werder Baumblütenfest gleich neun Tage lang gefeiert. Schon seit Ende des 19. Jahrhunderts gibt es hier diese Traditionsveranstaltung. Sie beginnt Ende April und dauert bis in die erste Maiwoche.

Maiglöckchen für dich!

Dieser schöne Brauch aus Frankreich hat auch bei uns Fuß gefasst: Zum 1. Mai werden Maiglöckchensträuße verschenkt. Natürlich zuerst an die Person, die uns ganz besonders am Herzen liegt!

  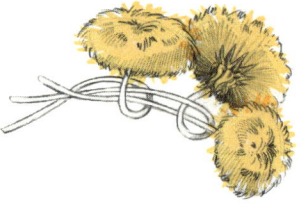

Ein Kranz aus Löwenzahn

Viele Wiesen leuchten jetzt goldgelb: Sie sind von blühendem Löwenzahn übersät. Daraus lassen sich schöne Kränze flechten.

Die Stängel werden auf eine Länge von etwa 15 Zentimeter gekürzt. (Aus dem hohlen Inneren des Löwenzahns tritt oft ein klebriger weißer Saft aus, der braune Flecken hinterlassen kann! Dünne Latexhandschuhe schützen.) Drei bis sechs Stängel machen den Anfang, sie werden wie ein Zopf verflochten, ungefähr zwei Zentimeter lang. Dann legt man nach und nach weitere Stängel dazu und flicht sie mit ein. Ist die gewünschte Länge erreicht, bindet man die Zopfenden vorsichtig zusammen. Auf einem flachen Teller mit Wasser hält sich der Kranz einige Tage lang.

MAI

Christi Himmelfahrt

Vierzig Tage nach Ostern feiern Christen Himmelfahrt. Die Bibel erzählt, wie Jesus nach seiner Auferstehung seinen Jüngern mehrere Male erschien und schließlich vor ihren Augen von einer Wolke in den Himmel getragen wurde. In den Kirchen wird zum Zeichen, dass Christus die Erde verlassen hat, die Osterkerze gelöscht.

Weil man glaubte, dass an diesem Tag der Himmel weit offen steht und Gebete erhört werden, gab es Bittprozessionen durch Wiesen und Felder, bei denen für das Gedeihen von Tieren und Feldfrüchten gebetet wurde.

Heute ist Himmelfahrt ein Tag für Ausflüge in die Natur geworden. In den letzten Jahrzehnten hat das kirchliche Fest außerdem einen sehr irdischen Zwilling bekommen: Der „Vatertag" wird nicht nur von Männern mit Nachwuchs feucht-fröhlich gefeiert.

Zu Himmelfahrt ist es an manchen Orten üblich, besondere Gebildbrote in Vogelform zu backen und zu verschenken. Eine nette Geste und zugleich süßer Proviant für den Himmelfahrtsausflug!

Schawuot

Fünfzig Tage nach Pessach, am 6. Siwan (Mai/Juni), feiern Juden das Wochenfest Schawuot. Nach dem Auszug aus Ägypten erwarteten die Israeliten auf dem Berg Sinai die Offenbarung Gottes und seine zehn Gebote. Zugleich ist Schawuot ein Erntedankfest. Es gibt Festumzüge, bei denen weiß gekleidete Kinder Kränze und grüne Zweige tragen. Auch die Wohnungen werden mit frischem Grün und mit Blumen geschmückt. Für viele Kinder ist Schawuot ein besonders wichtiger Termin: Für sie beginnt der Cheder, die jüdische Grundschule.

Vogelbrötchen

Zutaten für etwa 16 Brötchen:

500 g Mehl	50 g Butter
50 g Zucker	1 Ei
1 TL Salz	Rosinen zum Verzieren
40 g Hefe	1 mit Milch verquirltes Ei
200 ml lauwarme Milch	zum Bestreichen

Zubereitung: Die Hefe in der Milch auflösen. Mehl, Zucker und Salz mischen, Hefemilch, Butter und ein Ei dazugeben. Zu einem Teig verkneten und zugedeckt ruhen lassen, bis sich das Volumen etwa verdoppelt hat. Erneut kurz durchkneten und ovale Brötchen formen.

An einem Ende einen kleinen Schnabel formen, am anderen Ende die „Schwanzfedern" durch vier bis fünf kleine Einschnitte bilden. Die Brötchen noch einmal kurz gehen lassen, dann mit der Eiermilch bepinseln und jeweils zwei Rosinen als Augen in den Kopf drücken. Im vorgeheizten Backofen bei 200 Grad in etwa 20 Minuten goldgelb backen.

Muttertag

Der zweite Sonntag im Mai gehört den Müttern: Am Muttertag dürfen sie sich verwöhnen lassen, bekommen selbst gemalte Karten und Bilder, Blumensträuße und Kuchen. Vor allem die Kinder sind mit Feuereifer bei den Vorbereitungen dabei.

Der Muttertag ist eigentlich eine amerikanische Erfindung. 1907 beschloss Miss Anna Jarvis aus Philadelphia, zum Gedenken an den Todestag ihrer Mutter den 7. Mai zu einem Ehrentag für Mütter auf der ganzen Welt zu machen. Mit Erfolg: Heute wird der Muttertag in fast allen Ländern der westlichen Welt begangen.

Maibowle für alle!

Wie wäre es zum Muttertag mit einer erfrischenden Maibowle? Der Waldmeister sorgt für den typischen Geschmack und die grünliche Farbe der Bowle. Wichtig ist, ihn vor der Blüte zu sammeln und nicht mehr als etwa drei Gramm davon pro Liter Flüssigkeit zu verwenden, denn das enthaltene Cumarin kann gesundheitsschädigend wirken. Die Bowle schmeckt genauso gut mit Waldmeistersirup.

Zutaten:
1,5 l Apfelsaft
1 l Mineralwasser

1 Bund Waldmeister oder
150 ml Waldmeistersirup
2 Bio-Limetten

Zubereitung: Den Waldmeister kurz abbrausen und trocken tupfen. Einige Stunden (zum Beispiel über Nacht) auf einem Stück Küchenpapier liegen und anwelken lassen. Erst dann wird das Cumarin freigesetzt, das für das typische Waldmeisteraroma sorgt.

Den Apfelsaft in ein Bowlegefäß füllen. Den Waldmeister zu einem Bündel binden und so in den Saft hängen, dass die Stiele unbedeckt sind. Eine halbe bis maximal zwei Stunden ziehen lassen, dann herausnehmen. Mit Mineralwasser auffüllen und die in Scheiben geschnittenen Limetten hinzugeben.

Für die alkoholische Variante wird der Apfelsaft durch halbtrockenen Weißwein und das Wasser durch Sekt ersetzt.

Vor Bonifaz kein Sommer, nach der Sophie kein Frost

So lautet eine bekannte Wetterregel zu den Eisheiligen, die vom 11. bis zum 15. Mai ihren Auftritt haben. Benannt wurden sie nach katholischen Heiligen, deren Namenstage in dieser Zeit liegen:

11. Mai – Mamertus
12. Mai – Pankratius
13. Mai – Servatius
14. Mai – Bonifatius
15. Mai – Sophia von Rom, im Volksmund auch die Kalte Sophie

Zu „Eisheiligen" wurden sie wegen eines Wetterphänomens, das allen Landleuten schon vor Jahrhunderten durch genaue Beobachtung und Erfahrung bekannt war. Anfang Mai ist es bei uns bereits recht warm. Das europäische Festland erwärmt sich jedoch schneller als das Meer. Es entstehen Tiefdruckgebiete, die für einen Zustrom kalter Polarluft sorgen. So kann es immer noch Nachtfröste geben, während tagsüber die Sonne wärmend von einem strahlend blauen Himmel scheint.

Matjeszeit

Im Mai beginnt die Matjessaison. Die neuen Heringe werden mit Salz in Fässern eingelegt, wo sie innerhalb kurzer Zeit zu Matjes heranreifen. In fast allen norddeutschen Hafenstädten feiert man Matjesfeste, zum Beispiel in Emden, Bremerhaven und Husum.

Früher versuchte man, die zarten Pflanzen und jungen Triebe in Feld und Garten mit Feuern vor der nächtlichen Kälte zu schützen. Auch heute achten erfahrene Gärtner darauf, Blumen und andere empfindliche Pflanzen erst nach der Kalten Sophie nach draußen zu setzen.

FRÜHLING

Das Pfingstfest

Fünfzig Tage nach Ostern feiern Christen Pfingsten. Die Bezeichnung stammt vom Wort *pentekoste*, das bereits die Römer aus dem Griechischen übernommen haben. Es bedeutet „der fünfzigste Tag".

Pfingsten ist so etwas wie das Geburtstagsfest der Kirche. Die Bibel erzählt, wie der Heilige Geist zu den Jüngern Jesu herabkam, während sie Schawuot feierten. Der Geist Gottes verlieh ihnen Mut und Stärke, um als Verkünder des christlichen Glaubens hinaus in die Welt zu ziehen. So entstanden die ersten Gemeinschaften der Gläubigen.

Seit dem 4. Jahrhundert ist Pfingsten neben Ostern und Weihnachten eines der drei großen christlichen Feste.

Zu Pfingsten beginnt auch die Weidezeit. Jetzt wird das Vieh wieder auf die Weiden getrieben. Früher geschah das mit einem Umzug durch das Dorf, wobei der mit einer Blumenkrone und Bändern geschmückte Pfingstochse die Herde anführte. Noch heute sagt man von jemanden, der sich übertrieben fein angezogen hat, er ist „geschmückt wie ein Pfingstochse".

Ritterspiele

Schon im Mittelalter wurden zu Pfingsten sogenannte Pfingstspiele veranstaltet, Turniere, bei denen die Ritter gegeneinander antraten. Die Wettkämpfe fanden auf der Pfingstwiese oder dem Pfingstanger statt. Diese Flurbezeichnungen sind auch heute noch vielerorts erhalten. Von der Tradition der Turniere sind zahlreiche Spiele übrig geblieben — vergnügliche Ritterspiele für Zweibeiner und ideal für draußen.

Ringstechen

Ein Spiel für mindestens vier Spieler, die paarweise antreten: Jeweils der Größere nimmt den Kleineren huckepack. Die „Pferde" rennen auf ein Startzeichen hin gleichzeitig los. Ihre „Reiter" haben einen Stock, mit dem sie versuchen, einen zwischen zwei Bäumen an einer Schnur aufgehängten Ring aufzuspießen. Es ist nicht so einfach, das Ziel im Galopp zu treffen! Wer schafft es zuerst?

Kranzstechen

Auf einen in die Erde gespießten Stock wird ein Kranz gehängt. Auch hier müssen wieder Pferd- und Reiterpaare ihr Geschick beweisen: Es gilt, den Kranz im ersten Anlauf vom Stock zu stoßen. Schwieriger wird es, wenn das Pferd mit verbundenen Augen umherirrt und von seinem Reiter dirigiert werden muss.

Drachenkampf

Die Spieler bilden zwei gleich große Gruppen. Jede Gruppe stellt sich in einer Reihe hintereinander auf. Der vorderste Spieler ist jeweils der Kopf des Drachen, der letzte der Schwanz.

Er trägt ein buntes Tuch an seiner Kleidung. Alle Spieler halten sich an den Schultern ihres Vordermannes fest. Nun beginnt der Kampf der beiden Drachen: Der Kopf des einen — also der vorderste Spieler — versucht, den Schwanz (das Tuch) des anderen Drachen abzureißen. Der Drachenkörper darf dabei aber nicht auseinanderbrechen.

SOMMER

Sommerzeit! Mit großen Schritten nähern wir uns dem längsten Tag des Jahres, an dem die Sonne scheinbar gar nicht mehr untergehen will. Jetzt ist es draußen am schönsten. Wenn das Wetter mitspielt, verlagern wir so viele Aktivitäten wie möglich ins Freie. Rosenfeste, Jahrmärkte, Schützenfeste, Kirchweih – von Juni bis August gibt es viele Anlässe, den Sommer und seine Bräuche zu feiern.

Leckere Erdbeeren und Kirschen werden geerntet, überhaupt ist der Tisch nun reich mit frischen Früchten und Gemüse gedeckt. Und die Ferien sind schon in Sichtweite!
Nicht zuletzt deshalb ist der Sommer für viele die unbeschwerteste Zeit des Jahres.

38

Der Juni wurde nach der römischen Himmelsgöttin Juno benannt, der Göttin der Geburt und der Ehe.

Der Rosenmonat

Im Juni hat die Königin der Blumen Hochsaison. Ihr wird eine besondere Magie zugeschrieben. Früher pflanzte man drei rote Rosenbüsche in den Küchengarten, um Diebe fernzuhalten. Nach einer Niederkunft begrub man die Nachgeburt unter einer Hundsrose, die der germanischen Fruchtbarkeitsgöttin Frigg geweiht war. Im Volksglauben hieß es, dass die Kletterrose vom Teufel erschaffen wurde, weil er an ihren langen Trieben zum Himmel hinaufklettern wollte. Die Rose widersetzte sich jedoch, indem sie ihre Stacheln nach unten krümmte. Schließlich wurde sie sogar zu einem christlichen Symbol für die Liebe, die über den Tod hinausgeht. An vielen Kirchen wurden Rosenstöcke gepflanzt. Berühmt ist die Tausendjährige Rose am Dom von Hildesheim.

Ein Fest für die Rose

Zahlreiche Städte schmücken sich mit dem Namen Rosenstadt. Um sich offiziell so nennen zu dürfen, müssen Rosen im Ort tatsächlich eine prägende Rolle spielen. In Eltville im Rheingau findet jedes Jahr am ersten Juniwochenende eines der beliebtesten Rosenfeste statt. Zehntausende Rosenstöcke stehen dann in der ganzen Stadt in Blüte, mehr als 350 verschiedene Sorten sind zu bestaunen.

Trinitatis und Fronleichnam

Trinitatis, das christliche Dreifaltigkeitsfest, wird am Sonntag nach Pfingsten gefeiert. Es soll an die göttliche Einheit von Vater, Sohn und Heiligem Geist erinnern. Am Donnerstag nach Trinitatis folgt das Fronleichnamsfest, das vor allem in katholisch geprägten Gegenden mit Prozessionen begangen wird. Als Fronleichnam bezeichnete man früher die geweihte und nach katholischer Lehre in den Leib Christi verwandelte Hostie.

Rosenwasser selbst gemacht

Zutaten: 150 g frisch gepflückte, unbehandelte Rosenblätter, 1 l kochendes Wasser

Zubereitung: Zunächst alle hellen Stellen an den Ansätzen der Blütenblätter abschneiden. 50 Gramm Blütenblätter mit kochendem Wasser übergießen. Zugedeckt eine Stunde ziehen lassen, dann das Wasser durch ein Sieb gießen, erneut aufkochen und über weitere 50 Gramm Blütenblätter gießen. Dieser Vorgang wird noch ein zweites Mal wiederholt.

Das Rosenwasser muss abkühlen, bevor es in eine dunkle Glasflasche umgefüllt werden kann. Luftdicht verschlossen und kühl aufbewahrt hält es sich einige Monate.

Der längste Tag des Jahres

Am 21. Juni startet offiziell der Sommer. Auf der nördlichen Erdhalbkugel erreicht die Sonne nun den höchsten Punkt im Wendekreis, bevor sie allmählich wieder sinkt. Zum Glück spüren wir das nicht sofort. Die Tage von Ende Juni bis Anfang Juli scheinen unverändert lang und hell.

Mittsommernacht

Die milden Sommernächte sind erfüllt vom Duft nach frischem Gras, Blumen und erstem Heu. Sie entfalten ihre ganz eigene Magie. Die Nacht vom 20. auf den 21. Juni soll besonders für junge Frauen zauberkräftig sein: Wenn sie um Mitternacht neun verschiedene Blumen pflücken und sie unter das Kopfkissen legen, wird sich im Traum der künftige Ehepartner zeigen. Die Mittsommernacht wird vor allem in Skandinavien fröhlich gefeiert.

Zahlreiche Bräuche finden sich rund um das Datum der Sommersonnenwende; das Anzünden der Sonnwendfeuer ist wohl einer der ältesten. Liebespaare stellten sich in dieser Nacht der Herausforderung, gemeinsam über das Feuer zu springen – als Zeichen, für immer zusammenzuhalten.

Der **24. Juni** gilt auch als Stichtag für die Spargelzeit: Ab jetzt wird nicht mehr geerntet, damit die Pflanzen sich erholen können. Ein guter Grund, vor dem Johannistag das Edelgemüse noch einmal ausgiebig zu genießen!

Die Johannisnacht

Das Fest der Sommersonnenwende stammt aus heidnischer Zeit und war nicht zuletzt aufgrund alter Fruchtbarkeitskulte der Kirche ein Dorn im Auge. Als sie den 24. Juni zum Feiertag zur Geburt von Johannes dem Täufer bestimmte, wurde das Mittsommerfest nach und nach christlich umgedeutet. Mit der Zeit verschoben sich viele der Sonnenwendbräuche auf den Johannistag: Auch am 24. Juni werden Feuer angezündet, und in der Nacht gesammelte Pflanzen gelten als besonders heilkräftig. Das gelbe Johanniskraut, das um diese Jahreszeit blüht, wurde sogar nach Johannes dem Täufer benannt.

Doch auch der alte Aberglaube lebte weiter: In der Johannisnacht können Wunder geschehen. Elfen und Zwerge verraten, wo sie ihre Schätze verborgen haben, Berge öffnen sich und geben den Weg frei in das geheimnisvolle Innere, und wer um Mitternacht einem Tier begegnet, wird dessen Sprache verstehen …

Johanniskränze

In der Johannisnacht werden Blumen für die Johanniskränze gesammelt. Diese Kränze, so glaubte man, entfalten einen besonderen Abwehrzauber und bieten Schutz vor Unheil aller Art. Deshalb hängt man sie gern an die Haustür, über ein Fenster oder wirft sie einmal über das Dach auf die andere Seite des Hauses.

Je nach Region gehören sieben bis neun verschiedene Pflanzen in den Kranz. Am häufigsten finden grünes Eichenlaub, Farnkraut, Beifuß, Johanniskraut, Klatschmohn, Kornblume, Lilie, Rittersporn und Rose Verwendung.

Für einen selbst gebundenen Kranz benutzt man am besten einen stabilen Styroporring oder Strohkranz aus dem Bastelgeschäft als Grundlage. Mit Blumendraht werden Blumen und Blätter zu kleinen Büscheln gebunden und befestigt. Ein breites Schleifenband dient als Aufhänger.

Wie wird das Sommerwetter?

Zu Anfang des Sommers beobachten wir die Wetterlage besonders aufmerksam: Wird der Sommer schön werden? Verspricht er viele Sonnentage und Temperaturen über 25 Grad? Vor allem dem 27. Juni gilt unser Augenmerk. Es ist der Siebenschläfertag. Eine alte Bauernweisheit besagt, dass das Wetter sieben Wochen lang so bleiben wird, wie es am Siebenschläfertag ist.

Bauernregel: Ist der Siebenschläfer nass, regnet's ohne Unterlass. Scheint am Siebenschläfer Sonne, gibt es sieben Wochen Wonne.

Und die alte Regel enthält tatsächlich einen verlässlichen Kern, denn die Großwetterlage, die Ende Juni herrscht, ist meist sehr stabil und hält sich einige Zeit. Mit dem kleinen Nager aus der Familie der Bilche hat der Siebenschläfertag aber nichts zu tun. Es ist vielmehr eine alte Legende, die von der Bedeutung dieses Tages erzählt.

Die sieben Schläfer von Ephesus

In der Mitte des 3. Jahrhunderts fanden unter Kaiser Decius grausame Christenverfolgungen statt. Sieben junge Christen suchten in dieser Zeit Zuflucht in einer Berghöhle in der Nähe der Stadt Ephesus. Doch sie wurden entdeckt und von ihren Verfolgern bei lebendigem Leib eingemauert. Dann aber geschah ein Wunder: Die sieben Gläubigen starben nicht, sondern fielen in einen tiefen Schlaf, der 195 Jahre dauerte. Am 27. Juni des Jahres 446 wurden sie entdeckt und befreit. Nachdem sie erwacht waren, verkündeten sie ihren Glauben an Jesus Christus und die Auferstehung. Bald darauf starben sie.

Auf in den Urlaub!

Der Juli ist der große Ferienmonat, in fast allen Bundesländern beginnen nun die Sommerferien. Der Sommer ist die Zeit des Verreisens, das war auch vor Jahrhunderten schon so. Damals machten sich die meisten Menschen aber nicht zum Vergnügen auf den Weg, sondern als Pilger – zum Beispiel nach Santiago de Compostela.

Gute Reise!

Der türkische Brauch des Wasserschüttens ist eine Art Reisesegen: Dem Reisenden wird ein Glas Wasser nachgeschüttet, damit er seinen Weg so leicht findet wie Wasser.

Ferien

Es ist so schön, in freier Zeit zu wühlen –
an den Minuten wie am Süßholz kauen –
mit den Gedanken Tennis oder Fußball spielen –
aus den Ideen ein Kartenhäuslein zu erbauen –
auf einer Wolke über Berg und Tal zu reiten –
der Wind als treuer Köter hinterdrein –
auf einem Glockenton in weite Fernen gleiten –
und in der Einsamkeit nicht einsam und allein zu sein.

Fred Endrikat

Der Juli wurde nach dem römischen Feldherrn und Politiker Julius Cäsar benannt, auf den die Kalenderreform des Jahres 46 v. Chr. zurückgeht. Ein alter deutscher Name ist Heumonat – im Juli wurde das erste Heu eingebracht.

JULI

Der heilige Jakobus

Der 25. Juli ist der Tag des heiligen Jakobus. Er war einer der Jünger von Jesus und verkündete das Evangelium, wofür er zum Tode verurteilt wurde. Um sein Leben und seinen Tod ranken sich viele Legenden. Eine besagt, dass Jakobus auch in Spanien gelebt und gelehrt hat; einer anderen Überlieferung zufolge sollen seine sterblichen Überreste mit einem Schiff nach Santiago de Compostela gebracht und dort beigesetzt worden sein. Fest steht, dass die Stadt seit dem 11. Jahrhundert einer der bedeutendsten christlichen Wallfahrtsorte ist.

In den letzten Jahren hat der Jakobsweg erneut an Popularität gewonnen. Zahlreiche Routen führen durch ganz Europa, jedes Jahr pilgern Zehntausende von Menschen nach Santiago de Compostela.

Die Jakobsmuschel

Das Zeichen der Pilger ist die Jakobsmuschel, ein sehr praktischer Gegenstand, denn die große Muschelschale diente nicht nur als Trinkgefäß und Essgeschirr, mit ihren scharfen Kanten ließ sie sich auch wie ein Messer verwenden. Ein alter Pilgerbrauch war es, von Santiago noch weiter bis an die Atlantikküste bei Finisterre zu ziehen und dort eine echte Muschel aus dem Meer zu holen.

Einfach loslaufen

Jakobsmuscheln dienen auch heute noch als Kennzeichen und Wegmarken der Jakobswege. Allein in Deutschland gibt es rund 30 Hauptwege und viele Nebenstrecken. Man muss ja nicht gleich bis Santiago de Compostela pilgern – in den Sommerferien lassen sich auch kleine Teilstrecken erkunden, auf eigene Faust oder im Rahmen von geführten Wanderungen, wie sie viele Kirchengemeinden anbieten.

Am **25. Juli** wird auch des heiligen Christophorus gedacht. Der Legende nach trug ein bärenstarker Riese das Christuskind durch einen Fluss. Der Riese dachte erst, noch nie eine leichtere Last geschultert zu haben. Doch mit jedem Schritt wurde das Kind schwerer, bis es ihn ganz unter Wasser drückte. So wurde der Riese vom Christkind getauft und bekam den Namen Christophorus, Träger Christi.

Früher glaubte man, das Bild des **heiligen Christophorus** sei ein sicheres Schutzzeichen – ein Grund, weshalb manche Autofahrer diese Schutzplakette im Wagen haben.

SOMMER

Die Ernte beginnt

Früher fing man am Jakobstag auf den Feldern mit der Kornernte an. Als erstes Getreide reift die Gerste heran. Die Erntezeit ist eine gute Gelegenheit, am Feldrand ein paar Halme zu sammeln und einmal genauer anzusehen:

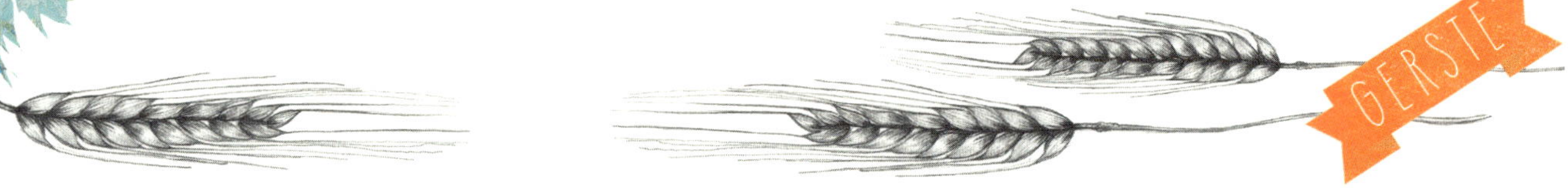

GERSTE

Gerste hat von allen Getreidesorten die längsten Grannen: Bis zu 15 Zentimeter können sie lang werden. Reife Gerstenähren neigen sich nach unten. Die Körner dienen nicht nur als Tierfutter, sondern sind eine wichtige Zutat beim Bierbrauen.

Weizen wird bei uns vor allem als Weichweizen angebaut, er hat keine Grannen. Die weichen Körner werden zu Mehl verarbeitet.

WEIZEN

Roggen hat oft einen blaugrünen Schimmer, wenn er noch nicht ganz reif ist. Die Grannen sind kürzer als bei der Gerste.

ROGGEN

Hafer bildet keine Ähren, sondern Rispen. Die gequetschten Körner ergeben die leckeren Haferflocken.

HAFER

Die ersten Kartoffeln

Um Jakobi herum werden die ersten Frühkartoffeln geerntet, auch Jakobskartoffeln genannt. Traditionell werden sie ganz schlicht mit Butter und Salz gegessen – abgeschrubbt, gekocht und samt der hauchdünnen Schale serviert eine Köstlichkeit!

JULI

Ich bin der Juli

Grüß Gott! Erlaubt mir, dass ich sitze,
ich bin der Juli; fühlt ihr die Hitze?
Kaum weiß ich, was ich noch schaffen soll,
die Ähren sind zum Bersten voll;
reif sind die Beeren, die blauen und roten,
saftig sind Möhren und Bohnen und Schoten.
So habe ich heut' wenig zu tun,
Darf mich ein bisschen im Schatten ruhn.
Duftender Lindenbaum
rausche den Sommertraum!
Seht ihr die Wolke? Fühlt ihr die Schwüle?
Bald bringt Gewitter Regen und Kühle.

Paula Dehmel

Tischa beAw

Mitten im Sommer eine Zeit der Trauer: Das jüdische Tischa beAw am neunten Tag des Monats Aw (Juli/August) beendet das dreiwöchige Gedenken an die zweimalige Zerstörung des Tempels in Jerusalem; während dieser Zeit gibt es für gläubige Juden keine Hochzeiten, keine Musik, keine neuen Kleider.

Uralte Bäume

Tanzlinden gibt es heute noch, einige von ihnen sind wahre Baumveteranen: Die Tanzlinde von Peesten bei Kulmbach ist geschätzte 450 Jahre alt, die bei Schloss Stetten, Hohenlohe-kreis, wird auf 600 Jahre geschätzt. Etwa 800 Jahre alt ist die Tanzlinde von Effeltrich in Oberfranken. Die Linde in Schenklengsfeld bei Bad Hersfeld, früher ebenfalls eine Tanz-linde, ist vermutlich sogar der älteste Baum Deutschlands: Ihr Alter wird auf mehr als 1200 Jahre geschätzt.

Selbst gemacht: Lindenblütentee

Gepflückt wird der gesamte Blütenstand samt Hochblatt. Der beste Zeitpunkt liegt kurz nach dem Aufblühen, dann ist der Wirkstoffgehalt am höchsten. Getrocknet und in luftdicht schließenden Schraubgläsern aufbewahrt, können die Blüten etwa ein Jahr lang verwendet werden.

Für einen Teeaufguss mit kochendem Wasser genügen ein bis zwei Teelöffel pro Tasse. Fünf Minuten ziehen lassen und nach Geschmack mit Lindenblütenhonig süßen.

Tanz in der Linde

Die Linde galt schon bei den germanischen Stämmen als Friedens- und Freudenbaum und war der Göttin Freya geweiht. Als Schutzbaum hielt man sie in Ehren. In fast jedem Dorf diente auf dem zentralen Markt- oder Festplatz die Linde als Versammlungsort. Bis ins späte Mittelalter wurde unter den Zweigen der Gerichtslinde Gericht gehalten. Aber es gab auch Tanzlinden: Dann wurde nicht nur zu Füßen der Linde, sondern sogar in ihrer Krone getanzt – auf einem zwischen die stärksten Äste gezimmerten Podest.

Wenn die Linden blühen

Ab Mitte Juni bis in den August hinein ist die Luft von einem süßen Duft durchzo-gen. Unzählige gelbgrüne Blüten hängen jetzt an den Linden und öffnen sich. Zuerst blüht die Sommerlinde, die Winterlinde ist 14 Tage später dran.

Lindenblüten werden vor allem bei fiebrigen Erkältungen als Heilmittel ge-nutzt. Ein Teeaufguss soll den Hustenreiz lindern, schweißtreibend und entzün-dungshemmend wirken. Als Zusatz zum Badewasser können Lindenblüten eine beruhigende Wirkung entfalten.

Schützenfeste

Im Juli finden im ganzen Land die ersten Schützenfeste statt. Was heute munteren Volksfestcharakter hat, blickt auf eine lange Historie zurück. Im Mittelalter mussten die meisten Ortschaften selbst für ihre Sicherheit sorgen. Um sich vor Überfällen zu schützen, fanden sich die Menschen zu Bürgerwehren zusammen. Es wurden Wettkämpfe veranstaltet, bei denen der beste Schütze gekürt wurde. Festliche Umzüge gehörten ebenfalls dazu. Auch nachdem diese Art der Stadtverteidigung längst keine Rolle mehr spielte, blieb das Brauchtum von Schützenvereinigungen und ihren Festen bestehen. Heute erinnern u. a. das Wettschießen in den Schützenvereinen und die Kür des Schützenkönigs an die mittelalterlichen Ursprünge.

Das größte **Schützenfest** der Welt findet jedes Jahr in Hannover statt. Zehn Tage lang wird mit einer großen Kirmes auf dem Schützenplatz gefeiert. Höhepunkt ist der Festumzug, an dem mehr als 10 000 begeisterte Menschen aus verschiedenen Ländern teilnehmen.

Freischießen

In einigen Regionen kennt man das Schützenfest unter der Bezeichnung Freischießen. Früher konnte sich der beste Schütze für ein ganzes Jahr von den Steuerabgaben „freischießen" oder andere Vorrechte erringen. Davon erzählt zum Beispiel Carl Maria von Webers Oper *Der Freischütz*: Der Jägerbursche Max muss sein Können als Schütze unter Beweis stellen, um heiraten zu dürfen.

Kirschen, Kirschen, Kirschen!

Sommerzeit ist Kirschenzeit. Am beliebtesten sind bei uns die fast schwarzen Knorpel-kirschen, gefolgt von den hellroten Herzkirschen. Ganz gleich, welche Farbe oder Sorte: Kirschenessen macht gleich zweimal Spaß – einmal beim Naschen und dann beim anschließenden Kirschkernweitspucken.

Überall dort, wo Kirschen besonders gut gedeihen, entwickelten sich mit der Zeit besondere Feste, die vor allem nach einer guten Ernte gefeiert wurden. Im thüringischen Bretleben war es üblich, dass jedes Kind nach Abschluss der Ernte eine Tüte Kirschen geschenkt bekam. Daraus ist das Kirschenfest geworden, das seit rund 200 Jahren statt-findet. Traditionell eröffnen die Kinder des Ortes mit einer Blumenpolonaise die Feier-lichkeiten.

Ein Fest für die Kinder

Das vielleicht bekannteste Kirschenfest ist das Hussitenfest in Naumburg. Kinder sol-len es der Sage nach 1432 während der Hussitenkriege geschafft haben, die Zerstörung ihrer Stadt zu verhindern. Mehr als 500 kleine Naumburger zogen damals zum Lager der Hussiten und baten den Feldherrn Prokop um Gnade. Der ließ sich tatsächlich erweichen und bewirtete die Kinder mit Kirschen. In Erinnerung daran gibt es beim Naumburger Kirschenfest jedes Jahr einen Umzug in historischen Kostümen.

Kirschmichel

Fast überall in Deutschland kennt man diesen leckeren Auflauf, wobei es regional unterschiedliche Versionen gibt – mit Zwieback, Brötchen vom Vortag, Quark oder Hefeteig, Süß- oder Sauerkirschen. Das folgende Rezept ist mit Grieß.

Kirschmichel

Zutaten für 4 Personen:
60 g Butter
125 g Zucker
1 Päckchen Vanillezucker
3 Tropfen Bittermandel-Aroma

2 Eier
150 g Grieß, 125 g Mehl
1 Päckchen Backpulver
250 ml Milch
500 g entsteinte Kirschen

Zubereitung: Butter, Zucker, Vanillezucker, Eier, Bittermandel-Tropfen und Grieß verrühren. Nach und nach das mit dem Backpulver vermischte Mehl und die Milch dazugeben. Die entsteinten Kirschen behutsam unterheben, den Teig in eine gefettete Auflaufform füllen. Bei 180 Grad 50 bis 60 Minuten backen und noch warm servieren. Besonders gut passt Vanillesoße dazu. An heißen Sommertagen ein Genuss!

Schau mal, eine Sternschnuppe!

Der Sommer schreitet immer weiter voran. Häufig wird es im August noch einmal so richtig heiß, während die Nächte mild und klar sind. Jahr für Jahr können wir dann in der Zeit vom 10. bis zum 15. August ein besonderes Himmelsereignis bestaunen. Aus dem Sternbild des Perseus kommt der Meteorstrom der Perseiden und beschert uns Nächte voller Sternschnuppen.

Verursacht werden sie von den Staubteilchen eines zerfallenen Kometen. Regelmäßig Anfang August kreuzt unsere Erde diese Bahn aus Staub. Die Teilchen verglühen in der Erdatmosphäre und malen dabei ein faszinierendes Funkeln an den Himmel.

Tipp: Zum Sternschnuppengucken muss es möglichst dunkel sein. Künstliche Lichtquellen wie Straßenbeleuchtung oder Neonlichter erschweren die Beobachtung. Am größten sind die Chancen auf Feldern und Wiesen außerhalb der Stadt. Die beste Zeit liegt zwischen 2 und 4 Uhr morgens. Wer eine Sternschnuppe sieht, darf sich etwas wünschen. Aber psst: Der Wunsch muss geheim bleiben!

Der **August** wurde nach dem römischen Kaiser Augustus benannt. Augustus trat in diesem Monat – bei den Römern war es der sechste des Jahres – sein erstes Konsulat an. Alte Namen für den August sind auch Erntemonat und Ernting.

Laurentiustag

Der 10. August ist der Tag des heiligen Laurentius. Im Jahr 258 starb Laurentius einen grausamen Märtyrertod. Weil sein Gedenktag mit dem Meteorschauer zusammenfällt, hielt man die Sternschnuppen im Volksglauben für ein Zeichen des Heiligen. Sie werden auch Laurentiustränen genannt.

AUGUST

Mariä Himmelfahrt

In der katholischen Kirche wird am 15. August Mariä Himmelfahrt gefeiert, ein Gedenktag zur Aufnahme der Gottesmutter in den Himmel. Im Dreiländereck am Bodensee gibt es eine große Schiffsprozession, bei der mit Blumen und Lichtern geschmückte Schiffe mit Pilgern von Rorschach, Bregenz und Lindau aus zu einer Sternfahrt starten. Höhepunkt ist ein Feuerwerk zu Ehren der Gottesmutter.

An Mariä Himmelfahrt sollen außerdem verschiedene Heilkräuter besonders wirksam sein. Seit Jahrhunderten stellen Frauen Kräuterbuschen zusammen, die in der Kirche gesegnet werden. Die Kräuter sollen nicht nur bei Krankheiten helfen, sondern im Haus oder auf dem Dachboden aufgehängt auch vor Blitzschlag und Unheil aller Art schützen.

Ein traditioneller Kräuterbusch

In die Mitte kommt als Symbol für ein langes und gesundes Leben eine Königskerze, die alle folgenden Kräuter überragt. Ringsum werden Pfefferminze, Wermut, Schafgarbe, Arnika, Kamille, Johanniskraut, Baldrian und Tausendgüldenkraut gebunden. Alle Kräuter spielen seit alters her in der Naturheilkunde eine wichtige Rolle.

KAMILLE

WERMUT

JOHANNISKRAUT

PFEFFERMINZE

ARNIKA

SCHAFGARBE

BALDRIAN

TAUSENDGÜLDEN-KRAUT

SOMMER

Tschüss, Zugvögel!

Ende August sind die meisten Zugvögel fort, viele Störche machen sich sogar schon Mitte des Monats auf die Reise in den wärmeren Süden. Manchmal jedoch sieht man auf den abgeernteten Feldern noch ein paar Nachzügler. Weil die Winter in Mitteleuropa milder geworden sind, bleiben einige Vögel auch gleich ganz hier.

Eine alte **Bauernregel** besagt:
Bleiben die Störche nach Bartholomä,
kommt ein Winter, der tut nicht weh.

Rund um Bartholomäus

Der 24. August ist Bartholomäustag. Bartholomäus war einer der zwölf Jünger Jesu. Der Überlieferung nach verkündete er das Evangelium in Mesopotamien, Armenien und sogar in Indien. Er gilt als Schutzpatron der Fischer und wird etwa seit dem 10. Jahrhundert verehrt.

Am Bartholomäustag endet die Schon- und Laichzeit der Fische. Der Neubeginn des Fischfangs wurde früher mit Prozessionen, Fischzügen und Fischessen gefeiert. Wer den erfolgreichsten Fang erzielte, durfte sich Fischerkönig nennen.

Auch die Zeit der Getreideernte war für gewöhnlich am Bartholomäustag beendet. Bauern und Landleute hatten jetzt Muße, sich eine kleine Auszeit vom Alltag zu gönnen. Das ist bis heute so geblieben: Überall im Land beginnen nun die Kirmes- und Kirchweihfeste.

Kirchweih

Ursprünglich feierte man Kirchweih tatsächlich an dem Tag, an dem das jeweilige Gotteshaus geweiht worden war. Es gab einen festlichen Gottesdienst, die Kirchenmesse – daraus entstand der ebenfalls gebräuchliche Begriff Kirmes. Schließlich wurden die Feste so zusammengelegt, dass sie fast immer zwischen Bartholomäus und Michaelis (am 29. September) stattfinden. Weil in dieser Zeit die Ernte bereits eingebracht war, bekam das Kirchweihfest zusätzlich die Bedeutung eines kleines Erntedankfestes. Heute ist die Kirchweih oder Kirmes oft mit einem mehrtägigen Jahrmarkt verbunden.

ABC
AUGUST

*Also lautet ein Beschlus
dass der Mensch was lernen muss.
Nicht allein das ABC
bringt den Menschen in die Höh.
Nicht allein im Schreiben, Lesen
übt sich ein vernünftig Wesen.
Nicht allein in Rechnungssachen
soll der Mensch sich Mühe machen.
Sondern auch der Weisheit Lehren
muss man mit Vergnügen hören.*

Wilhelm Busch

Jetzt geht's in die Schule

Für viele Kinder nähert sich mit dem Ende des Sommers der große Tag, dem sie schon lange entgegenfiebern: Ihre Einschulung steht kurz bevor. Für die Erstklässler beginnt damit eine aufregende Zeit, in der sie täglich Neues lernen und neue Freunde finden.

Traditionell bekommen die kleinen Abc-Schützen zur Einschulung nicht nur ihren Schulranzen, sondern auch eine Schultüte. Sie ist prall gefüllt mit Leckereien, kleinen Spielen, schönen Buntstiften und anderen Dingen. Ursprünglich war es tatsächlich eine Zuckertüte, die den Start ins Schülerleben etwas versüßen sollte. Denn als der Unterricht noch mit Rohrstock und Ohrfeigen verbunden war, konnte sich nicht jeder Abc-Schütze aus vollem Herzen auf den Schulbeginn freuen.

Der Tag der Einschulung wird heute richtig groß gefeiert. Großeltern, Paten und Verwandte kommen zu Besuch. In der Schule findet eine Begrüßungsfeier statt, an der alle gemeinsam teilnehmen. Der Einschulungstag ist meist ein Samstag. So haben alle noch eine kurze Verschnaufpause, bevor es am Montag dann so richtig losgeht.

HERBST

Bunte Blätter tanzen, Nüsse und Kastanien fallen, Kinder lassen Drachen steigen – es wird Herbst. Es duftet nach Äpfeln, nach feuchter Erde und mancherorts nach vergorenen Trauben. Der Herbst geleitet uns vom Sommer in den Winter, fast scheint es, als wolle er von beiden Jahreszeiten das Beste bieten: Mittags scheint die Sonne noch so warm, als wäre es ein später Sommertag, doch in den Nächten überrascht uns schon der erste Frost.

Im Oktober zeigen die Wälder ihre ganze Farbenpracht, bevor im November die Nebeltage die Regie übernehmen. Wir halten uns nun gern wieder drinnen auf. Fröhliche Feste haben ebenso ihren Platz wie Gedenktage, die zum Besinnen einladen – was ist uns wirklich wichtig in unserem Leben? Seit jeher begehen wir diese Zeit der Fülle, die zugleich eine Zeit des Abschieds ist, mit Bräuchen und alten Ritualen.

HERBST

Der **September** war im römischen Kalender nicht der neunte, sondern der siebte Monat. Sein Name leitet sich vom lateinischen Wort *septem* für „sieben" ab. Der September ist seit der gregorianischen Kalenderreform Ende des 16. Jahrhunderts der neunte Monat im Jahr.

Marienfeste und Namenstage

Die Zeit der Marienfeste dauert auch im September noch an: Am 8. September wird der Geburtstag der Gottesmutter gefeiert. Vier Tage darauf, am 12. September, folgt das Fest des heiligen Namens Mariä. Die Einführung der Namenstage geht auf das Konzil von Trient (1545–1563) zurück. Damals lautete die Forderung: „Der Pfarrer möge dafür sorgen, dass den Kindern keine anstößigen, sagenhaften, lächerlichen Namen oder solche von Götzen oder Heiden gegeben werden, sondern, soweit möglich, von Heiligen."

Im Mittelalter war es in Adelskreisen zwar schon üblich, Geburtstag zu feiern. Doch viele Menschen kannten ihr genaues Geburtsdatum gar nicht. Sie orientierten sich an ihrem Namenspatron. Im Laufe der Jahrhunderte wuchs die Zahl der Heiligen an, sodass es inzwischen mehr Namenspatrone als Tage im Jahr gibt.

Heute sind die Namenstage wieder in den Hintergrund gerückt. Vielleicht ein Anlass, einmal nachzuforschen, woher der eigene Vorname stammt und ob es einen Namenstag dazu gibt!

Drei alte Tanten

Die erste alte Tante sprach:
„Wir müssen nun auch dran denken,
Was wir zu ihrem Namenstag
Dem guten Sophiechen schenken."

Drauf sprach die zweite Tante kühn:
„Ich schlage vor, wir entscheiden
Uns für ein Kleid in Erbsengrün,
Das mag Sophiechen nicht leiden."

Der dritten Tante war das recht:
„Ja", sprach sie, „mit gelben Ranken!
Ich weiß, sie ärgert sich nicht schlecht
Und muss sich auch noch bedanken."

Wilhelm Busch

SEPTEMBER

Die Frauendreißiger

Am 15. September endet die Zeit der Marienfeste mit dem Fest der sieben Schmerzen Mariäs, das nicht nur an den Leidensweg von Jesus erinnern will, sondern auch an das Mitleiden von Maria als seiner Mutter.

Die dreißig Tage zwischen dem ersten und dem abschließenden Marienfest werden die Frauendreißiger genannt, da Maria seit jeher als besondere Schutzheilige der Frauen verehrt wird. Die Frauendreißiger gelten insgesamt als eine segensreiche Zeit, in der die heilenden Kräfte der Natur besonders groß sind. Deshalb wurden nicht nur zu den offiziellen Festtagen, sondern während des gesamten Zeitraums Heilkräuter gesammelt, getrocknet und als Hausmittel aufbewahrt.

Hildegard von Bingen

Am 17. September folgt der Gedenktag einer anderen Heiligen, die heute vor allem als heilkundige Kräuterfrau verehrt wird: Hildegard von Bingen wurde 1089 geboren, gründete 1148 ein Kloster der Benediktinerinnen und starb am 17. September 1179. Sie war Mystikerin, dichtete, komponierte und erforschte als eine der ersten Frauen überhaupt die Geheimnisse der Natur. Viele sehen in ihr eine der wichtigsten Frauengestalten des Mittelalters.

Kräuterwanderungen auf den Spuren von Hildegard von Bingen werden heute an vielen Orten angeboten. Es lohnt sich, einmal unter fachkundiger Anleitung die unzähligen Heilpflanzen zu entdecken, die oft so unscheinbar am Wegesrand wachsen. Wer direkt auf den Spuren der weisen Frau wandeln möchte, kann dies zum Beispiel auf dem 6,7 Kilometer langen Rüdesheimer Hildegardweg, der unter anderem durch die Rüdesheimer Weinberge führt. Ein besonders schöner Ausflug im September!

20. September: Weltkindertag

Seit 1954 gibt es den von der UNO ausgerufenen Weltkindertag, an dem auf die Rechte der Kinder aufmerksam gemacht werden soll. Die UNO stellte ihren Mitgliedsländern frei, an welchem Datum sie diesen Tag feiern wollen. In Deutschland ist es der 20. September.

Kräuterdüfte für zu Hause

Mit Zweigen von Thymian, Ysop, Rosmarin, Salbei, Majoran und Minze lässt sich ein wunderbares Duftpotpourri zusammenstellen. Für eine frische Note gibt man die Schale einer unbehandelten Zitrone dazu, für das Auge Hagebutten. Alles möglichst dünn in eine Schale oder einem Blumenuntersetzer aus Ton ausstreuen. Getrocknete Kräuter und Blüten duften nicht so lange wie frische. Ein guter Grund, öfter mal neue Mischungen auszuprobieren!

Feste, Messen, Märkte: Zu Michaelis geht es los

Mit dem Herbst kommt die Zeit der großen Herbstfeste. Stichtag ist der Tag des heiligen Michael am 29. September. Seit dem Mittelalter beginnen an Michaelis Messen und Märkte. Viele sind Erntefeste, bei denen die für diese Jahreszeit typischen Produkte im Mittelpunkt stehen. Dazu gehören nicht nur Kürbisse, Zwiebeln, Äpfel oder Kartoffeln, deren Ernte je nach Region einen willkommenen Anlass für ein großes Marktfest bietet: In Norddeutschland spielt auch der Kohl eine besondere Rolle.

Herbstanfang

Am 22. bzw. 23. September steht die Sonne so, dass Tag und Nacht gleich lang sind. Weil unsere Erde keine perfekte Kugelform hat, kann der genaue Zeitpunkt etwas schwanken. Die Sonne überschreitet nun den Äquator. Während es bei uns Herbst wird, beginnt auf der Südhalbkugel der Erde der Frühling.

Dithmarscher Kohltage

Ende September finden die Dithmarscher Kohltage statt. Die Region um Dithmarschen gilt als das größte zusammenhängende Kohlanbaugebiet Europas.

Die Ernte beginnt meist Anfang September und kann bis in den November hinein dauern. In früheren Zeiten war Kohl eines der wenigen Nahrungsmittel, die sich einlagern ließen und im Winter wertvolles Vitamin C lieferten. Fässer mit gestampftem und gesäuertem Weißkohl, dem Sauerkraut, gehörten zum festen Proviant der Seeleute, um den gefürchteten Skorbut zu vermeiden.

In der ganzen Region Dithmarschen gibt es nun Veranstaltungen rund um das Thema Kohl – mit Märkten, Kochkursen, Kohlritten und vielem mehr. Die Wahl der Kohlregentinnen gehört natürlich auch dazu.

Michaelislicht

Ein alter Brauch ist es, am Vorabend vom Tag des heiligen Michael im Haus eine Kerze und draußen ein Feuer anzuzünden. Das Michaelislicht zeigt, dass man nun bei der Arbeit wieder Licht braucht. Als es noch keinen Strom gab und Kerzen teuer waren, wartete man bis zu diesem Datum damit. Nach dem 2. Februar musste es dann erneut ohne künstliches Licht gehen. Daran erinnert auch dieser alte Spruch:

„Maria Lichtmess bläst das Licht aus, St. Michael zündet's wieder an."

Almabtrieb

Zu Michaelis fällt in vielen bayerischen Gemeinden das Startsignal für den Almabtrieb. Seit Jahrhunderten treiben die Bauern ihre Kühe auf die Almen hinauf, um die Weiden im Tal zu schonen und vor allem auch ausreichend Heu für den Winter machen zu können. Der Abtrieb ist ein großes Fest, umso mehr, wenn Tiere und Hirten den Almsommer wohlbehalten überstanden haben. Die Kühe werden mit Schleifen und Bändern geschmückt und tragen große Glocken.

Versöhnung und Freisprechung

In den Herbst fällt das jüdische Neujahrsfest Rosch ha-Schana. Den festlichen Höhepunkt bildet Jom Kippur, der Tag der Versöhnung. An diesem Tag spricht Gott sein Urteil über die Menschen. Wer sich mit seinen Feinden versöhnt und sich bemüht, begangenes Unrecht wiedergutzumachen, darf darauf vertrauen, freigesprochen zu werden.

Ein Fest für den Apfel

Überall im Land ist nun die Apfelernte in vollem Gange. Die ursprüngliche Heimat der Apfelbäume liegt in Zentralasien. Auf uralten Handelswegen gelangte die Frucht in der Antike nach Griechenland und Rom und von dort bis zu uns.

Nicht nur in den traditionellen Anbaugebieten wie im Alten Land und am Bodensee, auch in kleinen Streuobstdörfern und den vielen großen und kleinen Obstplantagen gehören Apfelfeste mittlerweile zum Brauchtum.

Ein weiter Weg

Die ersten Äpfel kamen wohl um das Jahr 100 v. Chr. zu uns und fanden Einzug in die Mythologie der keltischen und germanischen Volksstämme: Sie wurden zum Symbol von Wiedergeburt und Unsterblichkeit. Auch in der Antike standen Äpfel für Liebe und Fruchtbarkeit. Erst mit der biblischen Geschichte des Sündenfalls, bei der sich Adam von Eva durch einen Apfel zum Ungehorsam gegenüber Gott verführen lässt, bekam die Frucht einen Makel, was sich im lateinischen Namen des Apfels niederschlug: *malus* bedeutet schlecht oder böse.

Frischer Apfelkuchen – mmmh!

Dieser Apfelkuchen mit Aprikosenglasur schmeckt besonders aromatisch.

Zutaten:	Belag:
120 g Butter	500 g geschälte und
120 g Zucker	in dünne Spalten
2 Eier	geschnittene Äpfel
200 g Mehl	Glasur: 2 EL Apri-
2 TL Backpulver	kosenmarmelade
evtl. 2 bis 3 EL Milch	1 EL heißes Wasser

Zubereitung: Butter, Zucker und Eier schaumig rühren, nach und nach das mit Backpulver vermischte Mehl zugeben. Sollte der Teig zu fest sein, etwas Milch unterrühren. In eine gefettete Springform füllen, mit Apfelspalten belegen. Bei 180 Grad etwa 45 Minuten backen. Aprikosenmarmelade und Wasser verrühren und den noch heißen Kuchen damit bestreichen.

In meinem kleinen Apfel

In meinem kleinen Apfel,
da sieht es lustig aus:
es sind darin fünf Stübchen,
grad' wie in einem Haus.

In jedem Stübchen wohnen
zwei Kernchen schwarz und fein,
die liegen drin und träumen
vom lieben Sonnenschein.

Sie träumen auch noch weiter
gar einen schönen Traum,
wie sie einst werden hängen
am schönen Weihnachtsbaum.

Melodie: Wolfgang Amadeus Mozart
Text: volkstümlich

Im Lateinischen steht *octo* für die Acht. Im römischen Kalender war der Oktober der achte Monat. Mit der Kalenderreform von Papst Gregor XIII. im Jahr 1582 wurde daraus der zehnte Monat im Jahr. Ein sehr alter deutscher Name für den Oktober ist Gilbhart. Er verweist darauf, dass nun das Laub an den Bäumen gelb und welk wird.

Das größte Volksfest der Welt heißt zwar Oktoberfest, fängt aber schon im September an. Das Fest geht zurück auf die Hochzeit von König Ludwig I. mit Therese von Sachsen-Hildburghausen im Oktober 1810. Zu diesem Anlass fanden für das Volk Festlichkeiten statt, die Festwiese wurde nach der Braut Theresienwiese benannt.

Erntedank

Am ersten Sonntag nach Michaelis wird auch in der Kirche Erntedank gefeiert. Reiche Gaben aus den Gärten und von den Feldern werden vor dem Altar niedergelegt. Zum Erntedankfest erinnern sich viele Menschen daran, dass Nahrung in Fülle nicht überall auf der Welt eine Selbstverständlichkeit ist. Schön ist es, in diesem Zusammenhang mit Nachbarn und Freunden zu teilen und zu einem Erntedankessen einzuladen!

Erntedank-Mandala

In manchen Kirchen hat ein neuer Brauch Einzug gehalten: Aus Früchten und Samen aller Art wird auf dem Boden im Altarraum ein kunstvolles Mandala ausgelegt. Eine Idee, die sich in kleinerem Maßstab (z.B. auf einem Tablett) auch zu Hause gut umsetzen lässt. Die Zutaten lassen sich auf einem Herbstspaziergang sammeln: Eicheln, Bucheckern, Kastanien, Nüsse, Hagebutten, Schlehen, Vogelbeeren und die Samenstände von Gartenblumen eignen sich gut.

Das Wort „Mandala" stammt übrigens aus der alten indischen Hochsprache Sanskrit und bedeutet „heiliger Kreis". Traditionelle Mandalas haben immer einen Mittelpunkt, um den herum weitere Formen angeordnet sind.

63

Der Tag der Deutschen Einheit

Der 3. Oktober ist ein ganz besonderes Datum: An diesem Tag feiert Deutschland seine Wiedervereinigung. Für viele Menschen ist es kaum noch vorstellbar, aber nach dem Ende des Zweiten Weltkriegs entstanden zwei verschiedene deutsche Staaten, die durch eine Grenze voneinander getrennt waren. Im Osten lag die Deutsche Demokratische Republik, kurz DDR, im Westen die BRD, die Bundesrepublik Deutschland. Am 9. November 1989 kam es nach anhaltenden Protesten der DDR-Bürger zu einem historischen Ereignis: Die Grenze wurde geöffnet. Ein Jahr später, am 3. Oktober 1990, trat die DDR der Bundesrepublik bei. Beide Teile Deutschlands waren wieder vereint.

Der 3. Oktober ist seitdem der deutsche Nationalfeiertag. Schulen und Geschäfte haben geschlossen. Jedes Jahr richtet ein Bundesland eine zentrale Feier aus, bei der sich alle Regionen präsentieren. Eine gute Gelegenheit, die vielen Facetten Deutschlands und der einzelnen Bundesländer näher kennenzulernen!

Innerhalb von nur wenigen Jahren hat sich im Zusammenhang mit dem **Tag der Deutschen Einheit** eine neue Tradition entwickelt: Jahr für Jahr reisen Menschen zu diesem Anlass nach Berlin und zum Brandenburger Tor. Über die zuvor noch streng bewachte Mauer kamen in der Nacht vom 9. auf den 10. November 1989 Tausende Menschen aus Ostberlin in den Westen. Ein unbeschreiblicher Jubel herrschte, an den sich viele noch heute gern erinnern.

Das jüdische Laubhüttenfest
Zwei Wochen nach Rosch ha-Schana, am 15. Tischri (September/Oktober), feiern Juden das Laubhüttenfest Sukkot. Es erinnert daran, wie das jüdische Volk nach seinem Auszug aus Ägypten vierzig Jahre lang durch die Wüste wandern musste, bis es ins Gelobte Land kam. Während dieser Wanderzeit hatten die Menschen keine festen Behausungen, sondern bauten sich Hütten aus Palmzweigen. Heute werden die Laubhütten bunt geschmückt und man trifft sich mit Freunden und Verwandten, um darin zu feiern.

Die Auer Dult

In Bayern tragen viele Jahrmärkte den Namen „Dult". Ursprung ist das althochdeutsche Wort *tult* für „Fest". Bekannt ist die Münchner Auer Dult, die dreimal im Jahr stattfindet; auf die Maidult folgt im Sommer die Jakobidult und schließlich im Oktober die Kirchweihdult. Neun Tage lang lockt dann ein großer Jahrmarkt unzählige Besucher auf den Mariahilfplatz im Münchner Stadtteil Au.

Wenn die Kartoffelfeuer brennen

Spanische Eroberer hatten die vielseitige Knolle aus den Anden schon im 16. Jahrhundert nach Europa importiert, doch zu einem Grundnahrungsmittel wurde sie bei uns erst, nachdem der Preußenkönig Friedrich der Große am 24. März 1756 ihren Anbau regelrecht erzwang. Bis dahin pflanzte man Kartoffeln wegen ihrer hübschen Blüten vor allem zur Zierde an.

Heute sind die Erdäpfel, wie sie mancherorts auch heißen, von unserem Speiseplan nicht mehr wegzudenken. Etwa 200 verschiedene Sorten werden derzeit in Deutschland angebaut, wobei auch alte und fast vergessene Kartoffelsorten neue Bedeutung erlangen. Nach den Frühkartoffeln werden im Oktober die Spätkartoffeln geerntet, die sich als Wintervorrat einlagern lassen.

Früher war es üblich, das welke Kartoffelkraut zu verbrennen. Zu den typischen Herbstgerüchen gehörte dann das rauchige Aroma von Kartoffelfeuern. In der Glut gegarte Kartoffeln, mit Butter und Salz direkt aus der Schale gelöffelt, schmecken köstlich! Ein kleines Kartoffelfest lässt sich aber auch ohne Feuer feiern: Frische Pellkartoffeln kommen in einer großen Schüssel auf den Tisch, jeder bedient sich selbst. Dazu gibt es Butter und Salz. Wer es etwas aufwendiger mag, reicht verschiedene Dips dazu.

OKTOBER

Der neue Wein ist da!

Die Weinlese ist bereits in vollem Gange. Schon Mitte September wurden die ersten Trauben gepflückt, die letzten bleiben bis Ende November an den Rebstöcken. Aus ihnen werden süße Dessertweine und der edle Eiswein gewonnen. In diesen Wochen kommt der frische Federweiße auf den Tisch, ein fruchtiger Traubenmost. Federweißer ist zwar noch kein richtiger Wein, die alkoholische Gärung hat aber schon eingesetzt. Traditionell wird Federweißer zu Zwiebelkuchen serviert – eine weitere Spezialität, die nun Hochsaison hat, denn der Herbst ist auch die Zeit der Zwiebelernte.

Die Weinlese ist der Höhepunkt im Winzerjahr. In den Weinanbaugebieten finden nun viele Wein- und Winzerfeste statt. Ursprünglich waren das vor allem Feste für die vielen Helfer. Nach getaner Arbeit saß man draußen an einem langen Tisch beisammen, kostete den frischen Federweißen und ließ sich herzhafte Gerichte schmecken. Die Spezialitäten sind von Region zu Region unterschiedlich; Zwiebelkuchen, in Franken auch Zwiebelplootz genannt, ist aber überall beliebt.

Federweißer wird aus hellen Traubensorten hergestellt. Nicht ganz so verbreitet ist der aus roten Trauben gewonnene Federrote. Andere Namen für den angegorenen Traubenmost sind Suser, Rauscher oder Bitzler.

Fränkischer Zwiebelplootz ohne Hefe

Zutaten für ein Blech:	1 Prise Salz
250 g Magerquark	1 kg Zwiebeln
10 EL Milch	250 g geräucherter
10 EL Öl	Schinkenspeck
500 g Mehl	250 g saure Sahne
1 Päckchen Backpulver	1 Ei, 1 TL Salz

Zubereitung: Quark, Milch und Öl verrühren. Mehl, Backpulver und Salz hinzugeben und alles zu einem Teig kneten. Dünn auf einem mit Backpapier belegten Blech ausrollen. Zwiebeln schälen und in Ringe schneiden.

Den Schinkenspeck würfeln, mit den Zwiebeln in einer Pfanne andünsten und auf dem Teig verteilen. Saure Sahne mit Ei und Salz verrühren und gleichmäßig auf dem Zwiebelkuchen verteilen. Im vorgeheizten Backofen etwa 25 Minuten bei 220 Grad backen.

HERBST

Ende der Sommerzeit

Am letzten Wochenende im Oktober werden in der Nacht von Samstag auf Sonntag die Uhren wieder um eine Stunde auf Normalzeit zurückgestellt. Morgens ist es jetzt wieder früher hell, dafür wird es abends eine Stunde früher dunkel.

Oktoberlied

Der Nebel steigt, es fällt das Laub;
Schenk ein den Wein, den holden!
Wir wollen uns den grauen Tag
Vergolden, ja vergolden!
Und geht es draußen noch so toll,
Unchristlich oder christlich,
Ist doch die Welt, die schöne Welt,
So gänzlich unverwüstlich!
Und wimmert auch einmal das Herz, –
Stoß an und lass es klingen!
Wir wissen's doch, ein rechtes Herz
Ist gar nicht umzubringen.
Der Nebel steigt, es fällt das Laub;
Schenkt ein den Wein, den holden!
Wir wollen uns den grauen Tag
Vergolden, ja vergolden!
Wohl ist es Herbst; doch warte nur,
Doch warte nur ein Weilchen!
Der Frühling kommt, der Himmel lacht,
Es steht die Welt in Veilchen.
Die blauen Tage brechen an,
Und ehe sie verfließen,
Wir wollen sie, mein wackrer Freund,
Genießen, ja genießen.

Theodor Storm

Laubfeuer mal anders

Der 18. Oktober ist der Tag des Evangelisten Lukas. Zu diesem Termin wurden früher die Herbstfeuer entzündet: Man verbrannte das welke Kartoffelkraut und die ersten zusammengerechten Laubhaufen.

Das Verbrennen von Laub ist heute nicht mehr gestattet, trotzdem kann man die lästige Arbeit ja mit etwas Angenehmem verbinden: Freunde und Verwandte, die an einem schönen, trockenen Tag beim Laubrechen mithelfen, werden anschließend mit heißen Getränken und deftigen kleinen Snacks verwöhnt.

Bauernregel:
„Ist St. Lukas mild und warm, kommt
ein Winter, dass sich Gott erbarm …"

Wer sich dennoch lieber in südliche Gefilde träumt, kann sich den 29. Oktober dafür reservieren. Es ist der Tag des Erzengels Raphael, der oft mit dem Pilgerstab dargestellt wird. Er wird nicht nur als Helfer der Kranken, sondern auch als Schutzpatron aller Reisenden verehrt. Früher war man davon überzeugt, dass alle an diesem Tag geschmiedeten Reisepläne unter einem guten Stern standen. Warum also nicht schon mal den Urlaub für das nächste Jahr planen?

HERBST

Martin Luther und die Reformation

Am 31. Oktober ist Reformationstag. An diesem Tag im Jahr 1517 soll Martin Luther seine 95 Thesen zur Erneuerung der christlichen Kirche an die Tür der Schlosskirche zu Wittenberg geschlagen haben. Ob das wirklich so geschehen ist, weiß niemand genau. Fest steht, dass Luther in Briefen den Ablasshandel anprangerte, den die katholische Kirche praktizierte und bei dem man sich von seinen Sünden freikaufen konnte. Der streitbare Mönch machte noch auf viele andere Missstände aufmerksam.

Seine größte Leistung besteht aber wohl in der Übersetzung der Bibel ins Deutsche. Bis dahin konnte das einfache Volk die Heilige Schrift gar nicht verstehen, denn sie war in Latein verfasst. Der 31. Oktober ist der einzige rein evangelische Feiertag. Gesetzlicher Feiertag ist er nur in Brandenburg, Thüringen, Mecklenburg-Vorpommern, Sachsen und Sachsen-Anhalt. Doch in fast allen evangelischen Kirchen finden zum Reformationstag Gottesdienste statt.

Wer war Martin Luther?

Martin Luther wurde am 10. November 1483 in Eisleben geboren. Als er am 2. Juli 1505 in ein heftiges Gewitter geriet, gelobte er in Todesangst, Mönch zu werden, sollte er überleben. Er hielt sein Versprechen und trat in den Augustinerorden in Erfurt ein. Wegen seiner Lehren wurde er bald verfolgt. Für Luther war die Bibel die Grundlage des Glaubens. Er bezweifelte die Allmacht des Papstes und den Führungsanspruch des katholischen Konzils. 1521 wurde er sogar aus der Kirche ausgeschlossen. Luther starb am 18. Februar 1546.

Halloween

Am 31. Oktober wird nicht mehr nur der Reformation gedacht. Seit einigen Jahren erobern auch kleine Spukgestalten die Straßen. Zu Halloween verkleiden sich Kinder, ziehen von Haus zu Haus und fordern mit dem Spruch „Süßes oder Saures" Süßigkeiten ein – ein Brauch, der aus den USA zu uns kam. Tatsächlich wurde Halloween aber zunächst von irischen Einwanderern nach Amerika gebracht: „All Holy Eve" ist der Abend vor Allerheiligen. Gleichzeitig besteht vermutlich auch eine Verbindung zu altem keltischem Brauchtum. Keltische Stämme begingen das Sommerende mit dem Fest Samhain. Auf Hügeln entzündeten sie große Feuer. Nach keltischer Zeitrechnung war die Nacht von Samhain die letzte des Jahres. In dieser Nacht kehrten die Seelen der Toten in ihre Heimat zurück. Die Feuer sollten ihnen dabei den Weg weisen.

Es leuchtet in der Nacht

Heute erhellen selbst geschnitzte Kürbislaternen die Nacht. Und gruselig müssen sie aussehen, um Geister zu verscheuchen! Als man Kürbisse bei uns noch nicht kannte oder nur selten anbaute, erfüllten Rübenlaternen denselben Zweck.

So geht's: Zunächst wird ein Deckel von der Rübe oder vom Kürbis abgeschnitten, um das Innere mit einem Löffel auskratzen zu können. Mit einem scharfen, kleinen Messer werden dann Mund und Augen aus der Schale geschnitten. Am besten die Umrisse mit einem schwarzen Filzstift vorzeichnen! Wer keine Fratze möchte, schnitzt einfach Muster. In das ausgehöhlte Innere kommt ein Teelicht.

Kürbis einmal anders

Es muss ja nicht immer Kürbissuppe sein: Im Ofen gebackener Hokkaido ist ein leckeres und schnelles Essen.

Zutaten für 4 Portionen: 1 Hokkaidokürbis, Olivenöl, Salz, Parmesan nach Belieben

Zubereitung: Den gewaschenen und geputzten Kürbis ungeschält in etwa 2 Zentimeter dicke Spalten schneiden. Auf ein mit Backpapier ausgelegtes Backblech legen, mit Olivenöl beträufeln, salzen und nach Geschmack mit Parmesan bestreuen. Bei 180 Grad etwa 20 Minuten backen, bis die Spalten weich sind.

Im römischen Kalender war der
November der neunte Monat des
Jahres. Darauf verweist auch sein
Name, denn *novem* ist das lateinische
Wort für „neun". Andere Bezeichnun-
gen für diesen Monat sind Nebelung,
Wintermond und auch Schlachtmonat,
weil nun das Vieh für den Winter
geschlachtet wurde.

Ein zweifacher Gedenktag ist der
9. November: In der Nacht auf den
10. November 1938 fanden in ganz
Deutschland gewalttätige Übergriffe
von Nationalsozialisten auf Juden
statt. Synagogen und jüdische Geschäfte wurden zerstört und geplün-
dert. Als Reichspogromnacht
ging diese Nacht in die Geschichte ein.
Am 9. November 1989 fiel aber auch
die Mauer, durch die Deutschland in
zwei Teile getrennt war. Damit war
der Weg für die deutsche Wiedervereinigung frei.

Der Tag der Heiligen

Der 1. November wird auch Allerheiligen genannt. Für katholische Christen ist es ein
hoher Feiertag, an dem nicht eines bestimmten, sondern aller Heiligen der katholischen
Kirche gedacht wird. Eingeführt wurde Allerheiligen, weil die 365 Tage des Jahres nicht
reichen, um tatsächlich jeden Heiligen zu ehren. Das Fest gab es schon im 4. Jahrhundert, damals wurde es allerdings am Sonntag nach Pfingsten gefeiert. Erst im 8. Jahrhundert bestimmte Papst Gregor III. den 1. November zum Tag aller Heiligen.

Allerseelen

Gleich nach Allerheiligen folgt am 2. November Allerseelen. Dann wird für alle Verstor-
benen gebetet. Auf den Friedhöfen leuchten auf katholischen Gräbern die Allerseelen-
lichter als Symbol für das ewige Leben. Allerheiligen und Allerseelen gehören als eine
Art Doppelfest zusammen.

Allerseelenbrote

Früher war es üblich, eine Art Opferge-
bäck für alle armen Seelen zu backen.
Diese Gebildbrote wurden dann über
Nacht auf dem Tisch stehen gelassen.
Mancherorts wurde in der Nacht zu
Allerseelen auch das erste Mal geheizt –
ebenfalls für die armen Seelen, die nicht
frieren sollten.

Seelenbrote oder Seelenbrötchen verschenken vor allem in Süddeutschland
die Paten an ihre Patenkinder.

71

Hubertustag: Die Jagd beginnt

Der 3. November ist Hubertustag. Nun wird die Jagdsaison eröffnet. Der Legende nach war Hubertus an einem Feiertag auf der Jagd, als ihm ein weißer Hirsch mit einem Kreuz zwischen den Geweihstangen begegnete und ihn zur Umkehr bewegte. Hubertus wurde Bischof von Lüttich und nach seinem Tod 744 heiliggesprochen. Im 14. Jahrhundert erhob ihn die Kirche außerdem zum Schutzpatron der Jäger.

Dahinter steckte eine Art umweltpolitische Überlegung: Der vergnügungssüchtige Adel drohte damals mit seinen ausufernden Jagden den Wildbestand auf alarmierende Weise zu dezimieren. Mit dem Hubertustag mahnte die Kirche zu einem verantwortungsvolleren Umgang mit Gottes Schöpfung. Noch heute finden zur Eröffnung der Jagdsaison Hubertusmessen und anschließende Jagden statt.

Zum Hubertustag wurden in manchen Gegenden besondere Hubertusbrote und -brötchen gebacken und gesegnet, weil man glaubte, sie könnten dann vor Tollwut schützen. Auch Hunde und Katzen bekamen etwas von diesem Brot.

Am 3. November gilt auch dem Wetter ein besonderes Augenmerk. Eine alte Bauernregel besagt: *„Gibt's an Hubertus Schnee und Eis, bleibt der November kalt und weiß."*

Volkstrauertag

Seit 1952 ist der vorletzte Sonntag vor dem 1. Advent in Deutschland Volkstrauertag. Dann wird an all die Menschen erinnert, die in Kriegen gestorben sind.

72

Die Legende vom heiligen Martin

Vor den Toren der französischen Stadt Amiens weht ein bitterkalter Wind. Zahllose Menschen strömen durch die Stadttore ein und aus. Keiner von ihnen beachtet den Bettler, der zusammengekauert am Fuß der Mauer hockt und vor Kälte zittert. Er hat weder eine Decke noch ein warmes Kleidungsstück, das ihm helfen könnte, die heranrückende Nacht zu überstehen.

Da nähert sich ein Reiter. Er trägt die Abzeichen der römischen Armee. Der Reiter sieht den zerlumpten Mann und zügelt sein Pferd. Der Bettler ruft ihn an, bittet um eine milde Gabe – da zieht der Reiter sein Schwert. Für einen Moment scheint das Schicksal des Armen besiegelt. Doch der Soldat will ihm nichts Böses, im Gegenteil: Geschickt zerteilt er mit dem Schwert seinen eigenen Umhang und reicht eine Hälfte dem frierenden Mann. Dann gibt er seinem Pferd die Sporen und prescht davon, bevor der Beschenkte ihm danken kann.

Die Legende vom heiligen Martin wird seit Jahrhunderten in vielen Variationen weitererzählt. Ob sie sich tatsächlich so zugetragen hat? Sicher ist, dass Martin von Tours wirklich gelebt hat. Er wurde 316 oder 317 als Sohn eines römischen Militärverwalters geboren und diente im damaligen Gallien in der römischen Armee. Als Achtzehnjähriger ließ er sich taufen, trat aus der Armee aus und lebte einige Zeit als Einsiedler, bevor er ein Kloster gründete. Im Jahr 371 wurde er Bischof von Tours. Er starb 397.

11. November: Martinstag

Der 11. November wurde von der katholischen Kirche zum Tag des heiligen Martin von Tours erklärt. Um diesen Tag ranken sich seit dem Mittelalter viele Bräuche. Besonders beliebt sind heute noch die Martinsumzüge, bei denen Kinder mit Laternen einem als Sankt Martin verkleideten Reiter folgen. Dabei werden Martinslieder gesungen. Ursprung dieser Lieder ist ein alter Heischebrauch: Kinder zogen früher von Haus zu Haus und baten singend um kleine Leckereien wie Nüsse, Obst und Süßigkeiten.

In manchen Gegenden, vor allem in Norddeutschland, finden die **Martinsumzüge** bereits am 10. November statt – hier erinnert man nicht an den heiligen Martin, sondern an Martin Luther, der am 10. November Geburtstag hat und dessen Namenspatron der heilige Martin ist.

„Heischen" kommt aus dem Mittelhochdeutschen und bedeutet bitten oder betteln. **Heischebräuche** sind Bräuche, bei denen Gaben oder Spenden erbeten oder eingefordert werden. Das Martinssingen war der erste Heischebrauch des Winters.

Sankt Martin

Sankt Martin, Sankt Martin,
Sankt Martin ritt durch Schnee und Wind,
sein Ross, das trug ihn fort geschwind.
Sankt Martin ritt mit leichtem Mut:
sein Mantel deckt ihn warm und gut.

Im Schnee saß, im Schnee saß
im Schnee, da saß ein armer Mann,
hat Kleider nicht, hat Lumpen an.
„Oh helft mir doch in meiner Not,
sonst ist der bittre Frost mein Tod."

Sankt Martin, Sankt Martin,
Sankt Martin zog die Zügel an,
das Ross stand still beim armen Mann.
Sankt Martin mit dem Schwerte teilt
den warmen Mantel unverweilt.

Sankt Martin, Sankt Martin,
Sankt Martin gab den halben still,
der Bettler rasch ihm danken will.
Sankt Martin aber ritt in Eil
hinweg in seinem Mantelteil.

Text und Melodie vom Niederrhein

Im 6. Jahrhundert wurde zum ersten Mal das Adventsfasten eingeführt: Es begann am Martinstag und dauerte bis Weihnachten.

Im Rheinland ist der 11.11. ein besonders bedeutsames Datum: Pünktlich um 11 Uhr 11 beginnt der Karneval. In Düsseldorf erwacht dann der Hoppeditz, der Vertreter der Narren, zu neuem Leben. Am Aschermittwoch wird er verbrannt und eingeäschert.

Martinimärkte

Um Martini herum, wie der Martinstag auch genannt wird, finden vielerorts Märkte statt. Um diese Zeit des Jahres waren die wichtigsten Arbeiten auf dem Land getan, die Leute hatten etwas mehr Muße. Martinimärkte dienten ganz nebenbei noch einem anderen Zweck: Für junge Leute bot sich eine der wenigen Gelegenheiten, Gleichaltrige aus weiter entfernten Orten kennenzulernen. Der Martinimarkt im niedersächsischen Wiedensahl, dem Geburtsort von Wilhelm Busch, heißt daher auch „Heiratsmarkt". Er findet noch heute jedes Jahr am Donnerstag nach Martini statt.

Martinsgänse

Der 11. November war im mittelalterlichen Wirtschaftsjahr ein wichtiger Termin: An diesem Tag mussten die Bauern ihre Abgaben zahlen, meist in Form von Naturalien. Korn, Schinken und auch Gänse waren anerkannte Zahlungsmittel. Die Abgaben gingen an den Adligen, der der Lehnsherr der Bauern war. Heute ist davon das traditionelle „Gänseessen" geblieben. Vor allem in Restaurants und Gaststätten steht in diesem Monat Gans auf der Speisekarte.

Buß- und Bettag und Ewigkeitssonntag

Weil man in der evangelischen Kirche keine Heiligenverehrung kennt, werden hier Allerheiligen und Allerseelen nicht gefeiert. Aber auch evangelische Christen haben einen Tag, an dem sie der Toten gedenken. Es ist der Ewigkeitssonntag, im Volksmund auch Totensonntag genannt, der am letzten Sonntag des Kirchenjahres, also dem Sonntag vor dem 1. Advent, begangen wird.

Am Mittwoch vor dem Ewigkeitssonntag begehen evangelische Christen den Buß- und Bettag. In Notzeiten fanden früher öffentliche Bußgottesdienste statt, in denen die Menschen um Vergebung für ihre Sünden und die Abwendung der Not baten. Heute stehen die innere Einkehr und die Hinwendung zu Gott im Mittelpunkt.

Mag es draußen auch noch so kalt und ungemütlich sein, der November endet mit einem Lichtblick: Oft feiern wir den ersten Advent bereits am letzten Novembersonntag.

Das neue Kirchenjahr beginnt und damit die Zeit der Vorfreude auf Weihnachten.

Novembertag

Nebel hängt wie Rauch ums Haus,
drängt die Welt nach innen;
ohne Not geht niemand aus;
alles fällt in Sinnen.
Leiser wird die Hand, der Mund,
stiller die Gebärde.
Heimlich, wie auf Meeresgrund
träumen Mensch und Erde.

Christian Morgenstern

WINTER

Den Winter verbinden wir mit Frost und Schnee, Kälte und Dunkelheit. Dabei ist gleich der erste Wintermonat einer der strahlendsten im ganzen Jahr: Jetzt erwartet uns die Adventszeit mit ihrem Lichterglanz, den bunten Weihnachtsmärkten und der Vorfreude auf Weihnachten. Zum Jahreswechsel geht der Trubel dann richtig los, schließlich gilt es an Silvester, böse Geister zu verscheuchen und noch einmal so richtig ausgelassen zu feiern, bevor die guten Vorsätze für das neue Jahr in die Tat umgesetzt werden – oder auch nicht.

Der Januar ist in unseren Breiten meist der kälteste Monat. Vielleicht gibt es tatsächlich Schnee? Dann steht dem Winterspaß draußen nichts im Wege. Im Februar ist der Winter fast schon wieder vorbei. Besonders Ungeduldige proben bereits mit alten Bräuchen, ihn zu vertreiben …

Im alten römischen Kalender war der **Dezember** der zehnte Monat des Jahres – *decem* ist das lateinische Wort für „zehn". Sein Name ist dem Dezember geblieben, auch wenn er nach unserem Kalender der zwölfte Monat und außerdem der letzte des Jahres ist.

Für jeden Tag ein Licht

Warum nicht die Idee von Hinrich Wichern aufgreifen und für jeden Tag ein weiteres kleines Licht entzünden? Ganz allmählich nimmt die festliche Stimmung immer mehr zu. Besonders schön wirkt ein Adventskalender aus Lichtern auf der Fensterbank.

Und er ist schnell gemacht: Benötigt werden 24 kleine Gläser (z.B. Schraubgläser ohne Deckel), Teelichte und wasserfeste Farbstifte, mit denen auf jedes Glas gut sichtbar das Datum geschrieben wird, von 1 bis 24.

Advent: Die Zeit des Wartens

Schon Ende des 4. Jahrhunderts begingen Christen in Italien, Spanien und Südfrankreich zum ersten Mal die Adventszeit. Heute gehören für uns selbst gebackene Plätzchen und andere Leckereien ganz selbstverständlich dazu. Früher dagegen wurde im Advent gefastet. So bereiteten sich die Menschen auf die Geburt des Gottessohnes und seine Ankunft auf der Erde vor. Das ist die Bedeutung des lateinischen Wortes *adventus*: Ankunft. Die Adventszeit beginnt am vierten Sonntag vor Weihnachten.

Vier Lichter brennen auf dem Kranz

Grüne Kränze hängten sich die Menschen schon in alter Zeit an die Tür, um damit böse Geister zu vertreiben und die Wiederkehr des Frühlings zu beschwören. Erst Anfang des 19. Jahrhunderts kam der Adventskranz auf. Der Hamburger Pastor Johann Hinrich Wichern, der ein Waisenhaus leitete, soll ihn erfunden haben.

Im Advent setzte er sich mit den Kindern zusammen, um zu singen und zu beten. Vom 1. Dezember an wurde dabei täglich eine Kerze angezündet, die auf einem mit Tannenzweigen geschmückten Holzreifen steckte. Die Kerzen für die vier Adventssonntage waren besonders groß. Mit der Zeit blieb es dann bei diesen vier Kerzen, die an jedem Adventssonntag angezündet werden.

Klöpfelnächte

An den letzten drei Donnerstagen vor Weihnachten wird es unruhig in den Straßen: Vor allem in Süddeutschland und im Alpenraum ziehen die Kinder nachts von Haus zu Haus, werfen Erbsen oder Linsen gegen die Fenster oder klopfen mit Ruten oder kleinen Holzhämmerchen gegen die Türen, um dann Nüsse und Naschereien zu erbitten.

Früher glaubte man, dass sich in den dunklen Dezembernächten Geister und Dämonen herumtreiben, die durch das Klöpfeln besänftigt werden können. Nach einer anderen Deutung erinnert das Klöpfeln an die ersten Christen, die sich auf dem Weg zu ihren verbotenen Versammlungen durch Klopfzeichen zu erkennen gaben.

Wir gehen zum Weihnachtsmarkt!

Weihnachtsmärkte sind aus der Vorweihnachtszeit nicht wegzudenken. Schon im 14. Jahrhundert wurde Holzschnitzern, Zuckerbäckern, Spielzeugmachern und anderen Zünften die Erlaubnis erteilt, auf dem Marktplatz ihre Waren für das Weihnachtsfest anzubieten. Mit der Zeit entwickelten sich richtige Märkte. Zwei der ältesten sind der Dresdner Striezelmarkt, der seit 1434 bekannt ist, und der Nürnberger Christkindlesmarkt.

Vierter Dezember: Der Tag der heiligen Barbara

Ob sie wohl wirklich gelebt hat? So ganz genau weiß es niemand, aber verschiedene Legenden von der heiligen Barbara sind seit dem 7. Jahrhundert überliefert. Eine besagt, dass sich ungefähr 300 Jahre zuvor, also etwa im 3. oder 4. Jahrhundert, die schöne und kluge Barbara heimlich taufen ließ und fortan zum Christentum bekannte. Als ihr Vater davon erfuhr, ließ er Barbara einsperren und hinrichten.

Nach anderen Überlieferungen soll er seine Tochter sogar selbst enthauptet haben, worauf er vom Blitz getroffen wurde. In der Nacht vor ihrer Hinrichtung, so die Legende weiter, stellte Barbara einen Kirschbaumzweig in ihr Trinkgefäß mit Wasser, worauf der Zweig unverzüglich zu blühen begann.

Die **heilige Barbara** hat als Schutzheilige viel zu tun: Sie gilt als Patronin der Bergleute, Bauarbeiter, Architekten und Glockengießer.

Blüten zu Weihnachten

Der 4. Dezember wurde zum Namenstag der heiligen Barbara. An diesem Tag schneidet man Zweige von Obstbäumen und stellt sie in einen Krug mit Wasser, das täglich gewechselt wird. Mit etwas Glück öffnen sich die Blüten rechtzeitig zu Weihnachten.

DEZEMBER

Geh in den Garten am Barbaratag

Geh in den Garten am Barbaratag!
Geh zum kahlen Kirschbaum und sag:
Kurz ist der Tag, grau ist die Zeit.
Der Winter beginnt, der Frühling ist weit.
Doch in drei Wochen, da wird es geschehen:
Wir feiern ein Fest wie der Frühling so schön.
Baum, einen Zweig gib du mir von dir!
Ist er auch kahl, ich nehm' ihn mit mir.
Und er wird blühen in leuchtender Pracht
mitten im Winter in der Heiligen Nacht.

Josef Guggenmos

Nikolaustag

Dieses Datum kennt bei uns wohl jedes Kind: Der 6. Dezember ist der Tag des heiligen Nikolaus. Sind die Schuhe auch schön geputzt? Dann werden sie am Abend vorher vor die Tür gestellt. Bestimmt sind sie am nächsten Morgen mit Nüssen und Mandarinen, Keksen und Marzipan gefüllt!

Hinter diesem Brauch steht die Geschichte des Nikolaus von Myra, der etwa von 270 bis 342 lebte und Bischof in der Stadt Myra in der heutigen Türkei war. Er soll zahlreiche gute Taten vollbracht haben und vor allem ein Freund und Beschützer der Kinder gewesen sein. In den mittelalterlichen Klosterschulen entstand der Brauch, am Vorabend des 6. Dezember einen Kinderbischof zu wählen, der für 24 Stunden herrschen durfte. Mit der Zeit wurde es üblich, Kinder am Morgen des Nikolaustags mit Süßigkeiten und kleinen Geschenken zu überraschen.

Klausenmänner und Stutenkerle

Das traditionelle Gebäck, das der Nikolaus verteilt, sind Figuren aus Hefeteig. Sie zählen zu den Gebildbroten.

Zutaten für acht Klausenmänner:
500 g Mehl
1 Päckchen Trockenhefe
2 EL Zucker
1 Prise Salz

1 Ei, 1 Eiweiß
100 g zerlassene Butter
125 ml Milch
1 Eigelb und 2 EL Milch zum Bestreichen
Rosinen zum Verzieren

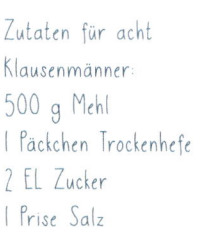

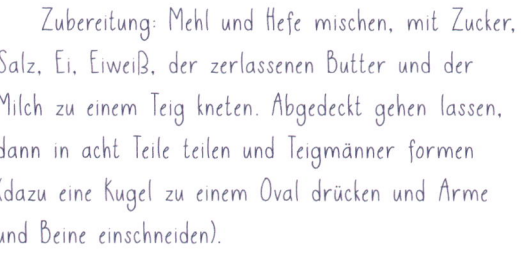

Zubereitung: Mehl und Hefe mischen, mit Zucker, Salz, Ei, Eiweiß, der zerlassenen Butter und der Milch zu einem Teig kneten. Abgedeckt gehen lassen, dann in acht Teile teilen und Teigmänner formen (dazu eine Kugel zu einem Oval drücken und Arme und Beine einschneiden).

Erneut aufgehen lassen. Eigelb und Milch verquirlen, die Klausenmänner damit bepinseln. Rosinen als Augen und Westenknöpfe einsetzen. Bei 200 Grad 15 bis 20 Minuten goldgelb backen.

Santa Lucia

Der 13. Dezember ist der heiligen Lucia gewidmet. Sie lebte von 286 bis 310 in Sizilien. Statt zu heiraten, wie es für sie vorgesehen war, gründete sie mit dem Geld aus ihrer Mitgift ein Kloster. Lucia setzte sich für verfolgte Christen ein und versteckte sie in einer Höhle. Im Schutz der Dunkelheit brachte sie ihnen heimlich etwas zu essen. Der Legende nach trug sie dabei einen Kranz mit brennenden Kerzen auf dem Kopf, um die Hände frei zu haben. Ihr verschmähter Verlobter spionierte ihr nach und verriet Lucia an die Christenverfolger, worauf sie den Märtyrertod starb.

Chanukka

Gläubige Juden feiern ab dem 25. Kislew (im Dezember) das Lichterfest Chanukka. Es dauert acht Tage und erinnert an den siegreichen Aufstand der Juden unter Judas Makkabäus und an die Wiedereinweihung des Tempels im Jahr 164 v. Chr. Zum Chanukkafest werden achtarmige Leuchter mit einem kleinen neunten Kerzenhalter in der Mitte aufgestellt. Jeden Tag zündet man eine weitere Kerze an, bis alle Kerzen brennen. Die neunte Kerze wird zum Anzünden benutzt.

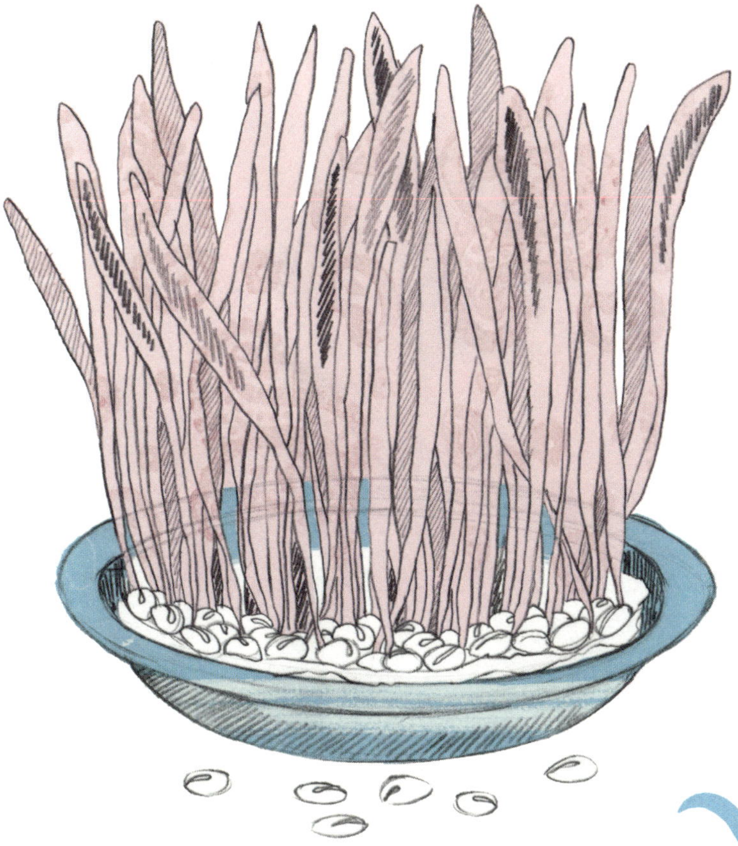

Ein Gärtchen für Lucia

Nach einem alten Brauch wird am 13. Dezember Lucienweizen gesät. Weizen ist ein altes Fruchtbarkeitssymbol. Die Weizenkörner kommen in eine flache, mit Küchenkrepp ausgelegte Tonschale. An einem warmen Ort aufgestellt und gleichmäßig feucht gehalten, zeigen sich bis Weihnachten schon die ersten grünen Keime. Sie stehen für die Hoffnung auf das Wiedererwachen der Natur im nächsten Frühjahr.

Wintersonnenwende

Am 21. Dezember beginnt der Winter. Jetzt ist für uns auf der Nordhalbkugel der Erde der kürzeste Tag, die darauf folgende Nacht ist die längste des Jahres.

Der Heilige Abend

Bei uns beginnt das Weihnachtsfest bereits am 24. Dezember, dem Heiligen Abend. Der Weihnachtsmann oder das Christkind bringt die Geschenke. Manche sehen darin die Gaben, die die Heiligen Drei Könige dem neugeborenen Jesus darbrachten. Andere möchten so an das große Geschenk erinnern, das den Menschen von Gott mit der Geburt seines Sohnes gemacht wurde. Und für viele Menschen ist das gegenseitige Schenken einfach ein schöner Brauch.

In den meisten Familien wird der Weihnachtsbaum am Morgen des 24. Dezembers festlich geschmückt. Am Nachmittag oder Abend steht dann für viele der gemeinsame Besuch eines Gottesdienstes auf dem Programm. In den Kirchen ist jetzt eine Krippe aufgebaut und für die Kleinen findet ein Krippenspiel statt, bei dem die biblische Erzählung von der Geburt Jesu in einem Stall nachgespielt wird.

Christkind oder Weihnachtsmann? Vor allem in katholisch geprägten Gegenden werden die Geschenke vom Christkind gebracht. Es wird meist als weiß gewandetes Kind mit langem Blondhaar dargestellt. Der Weihnachtsmann ist besonders in Nord- und Mitteleuropa populär. Er ist eine Art Verschmelzung von Nikolaus und Knecht Ruprecht. Der rauschbärtige und ganz in Rot gekleidete Mann tauchte das erste Mal Ende des 19. Jahrhunderts auf Postkarten auf.

Weihnachten

Markt und Straßen stehn verlassen,
Still erleuchtet jedes Haus,
Sinnend geh' ich durch die Gassen,
Alles sieht so festlich aus.
An den Fenstern haben Frauen
Buntes Spielzeug fromm geschmückt,
Tausend Kindlein stehn und schauen,
Sind so wunderstill beglückt.
Und ich wandre aus den Mauern
Bis hinaus ins weite Feld,
Hehres Glänzen, heil'ges Schauern!
Wie so weit und still die Welt!
Sterne hoch die Kreise schlingen,
Aus des Schnees Einsamkeit
Steigt's wie wunderbares Singen –
O du gnadenreiche Zeit!

Joseph von Eichendorff

Der erste Weihnachtstag

Früher endete am 25. Dezember die Fastenzeit und die Menschen ließen es sich mit einem Festessen gut gehen. Heute ist das Weihnachtsessen ein Anlass, Freunde und Verwandte, die man das Jahr über nur selten gesehen hat, einzuladen. Traditionelle Gerichte sind Weihnachtsgans und Weihnachtskarpfen.

Die Weihnachtsgans kommt ursprünglich aus England. Es wird berichtet, dass Königin Elisabeth I. am Weihnachtsabend des Jahres 1588 eine Gans verspeiste, als sie die Nachricht vom Sieg über die spanische Armada erhielt. In Erinnerung an dieses Ereignis soll es von da an immer eine Weihnachtsgans gegeben haben. Im Laufe der Jahrhunderte vermischte sich dieser Brauch mit dem in Deutschland beliebten Gänseessen zum Martinstag.

Fische sind alte Glückssymbole. Sie stehen für Leben, Erneuerung und Fruchtbarkeit. Im Mittelalter florierte die Karpfenzucht. Es waren vermutlich Mönche, die die Teichwirtschaft erfanden und sogar eine neue Karpfenform, den Spiegelkarpfen mit wenig Schuppen, züchteten. Als Fastenspeise durfte er schon im Advent verzehrt werden.

Misteln und Stechpalmen
Zur Weihnachtszeit hängt man sich gern einen Mistelzweig über die Tür – Paare, die sich darunter küssen, bleiben ihr Leben lang zusammen, heißt es. Misteln wurden bereits in der keltischen und germanischen Kultur verehrt. Neben ihrer Heilwirkung bei verschiedenen Gebrechen wurden ihnen auch Zauberkräfte zugeschrieben, die vor Unheil bewahren sollten.

Die **Stechpalme** erfuhr schon früh eine christliche Deutung: Ihre dornigen Zweige stehen für die Dornenkrone von Jesus, die roten Beeren für Blutstropfen. In der dunklen Winterzeit vermitteln die immergrünen Zweige aber auch Hoffnung auf das Wiedererwachen der Natur im Frühling. Die Pflanze war mancherorts sogar die Vorläuferin des Weihnachtsbaums.
Kränze aus Stechpalmenzweigen schmückten bis ins 19. Jahrhundert hinein viele Wohnzimmer.

87

Mandeln, Zimt und Kardamom

Zur Advents- und Weihnachtszeit gehört für uns das Weihnachtsgebäck. Christstollen, Pfefferkuchen und Spekulatius sind nicht nur lecker, sie besitzen auch einen Symbolwert, der heute fast in Vergessenheit geraten ist.

Der Christstollen ist ein klassisches Gebildbrot. In seiner Form und mit dem weißen Überzug aus Puderzucker soll er an das in Windeln gewickelte Jesuskind in seiner Krippe erinnern.

Pfefferkuchen sind zwar ein Honiggebäck, wurden aber ursprünglich tatsächlich mit Pfeffer gewürzt. Pfefferkörner zählten zu den teuersten Gewürzen – für eine Weihnachtsköstlichkeit waren sie daher gerade kostbar genug. Andere Gewürze, die aus fernen Ländern stammten, fasste man früher ebenfalls unter dem Begriff Pfeffer zusammen; so kommt es, dass sich im typischen Pfefferkuchengewürz auch Kardamom und Zimt, Nelken und Muskat finden.

Spekulatius verdankt seinen Namen der Tatsache, dass auf den Modeln für das Gebäck der heilige Nikolaus abgebildet war. Nikolaus trug den Beinamen Spekulator, was übersetzt „der in geistliche Betrachtung Versunkene" bedeutet.

Pfefferkuchen vom Blech

Zutaten:
500 g Honig
70 g Zucker
1 Päckchen Vanillezucker
100 g Butter
1 Prise Salz
2 EL Milch
2 Eier, 1 EL Zimt
1 EL Lebkuchengewürz
100 g gehackte Mandeln, 50 g fein gehacktes Zitronat
500 g Mehl
1 Päckchen Backpulver
geschälte Mandeln zum Dekorieren

Zubereitung: Honig, Zucker, Vanillezucker, Salz und Milch erwärmen und glatt rühren. Mit den restlichen Zutaten zu einem Teig verarbeiten. Auf einem mit Backpapier ausgelegten Backblech verteilen, mit Mandeln verzieren. Im vorgeheizten Ofen bei 180 Grad etwa eine halbe Stunde backen und noch warm in Stücke schneiden.

26. Dezember: Der zweite Weihnachtstag

Zusammen mit Ostern und Pfingsten gehört Weihnachten zu den drei höchsten christlichen Festen. Im Unterschied zu den normalen Sonn- und Festtagen werden sie an zwei Tagen gefeiert. Die Zahl der Feiertage verweist zugleich darauf, dass wir keine ganz genauen Angaben zum historischen Datum der Ereignisse haben. Letztlich wurden die Feiertage von der Kirche festgelegt. Etwa seit dem 4. Jahrhundert feiern Christen die Geburt Jesu.

Der 26. Dezember ist auch der Tag des heiligen Stephanus. Stephanus wurde um das Jahr 1 nach Christi Geburt geboren und wirkte als einer der sieben Diakone in der frühchristlichen Gemeinde Jerusalem. Diese sieben Diakone sollen noch von den Aposteln selbst durch Handauflegung geweiht worden sein. Stephanus wurde zum Märtyrer, weil er sich wegen seines Bekenntnisses zu Jesus Christus steinigen ließ. Am Stephanstag fanden früher Reiterumzüge statt. Es war auch üblich, Pferde und Vieh zu segnen.

Christrosenorakel

Die Christrose verdankt ihren Namen der Tatsache, dass sie mitten im Winter und meist sogar gerade zur Weihnachtszeit blüht. In den Mußestunden der Weihnachtstage unterhielt man sich gern mit diesem Orakel:

Zweige mit insgesamt zwölf Knospen wurden gepflückt und ins Wasser gestellt. In der Art und Weise, wie sich die Blüten öffneten, las man Glück oder Unglück für die zwölf Monate des kommenden Jahres heraus. Weit geöffnete Blüten waren natürlich die besten! Auch das Wetter versuchte man mit diesem Orakel für jeden Monat des nächsten Jahres vorherzusagen.

Von Sonnwendfeiern und Mithraskult

In vielen christlichen Festen sind ältere Bräuche und Feiern aufgegangen, so auch im Weihnachtsfest. Im Römischen Reich wurde beispielsweise der Mithraskult praktiziert, dessen höchste Feste jeweils um die Zeit der Sonnenwenden stattfanden. Am 25. Dezember feierten seine Anhänger die Geburt des Gottes Mithras, der auch den Beinamen „sol invictus" hatte, unbesiegter Sonnengott. Diesem heidnischen Fest setzte die frühe christliche Kirche das Weihnachtsfest entgegen und legte es ebenfalls auf den 25. Dezember.

Germanische Stämme begingen wie viele andere nordische Völker die Wintersonnenwende mit Feuern und Winteropfern. Das Julfest galt als Geburtsfest der Sonne, die nun wieder an Kraft gewinnt.

Früchte für das neue Jahr

Aus dieser fernen Zeit stammte auch der Glaube, wer zu Beginn des neuen Sonnenjahres Früchte und Gemüse in großen Schalen auf den Tisch stellt, der wird auch im kommenden Jahr gut versorgt sein. Noch im Mittelalter hielt sich der daraus entstandene Brauch, sich gegenseitig mit diesen Gaben zu beschenken.

Silvester

Der 31. Dezember ist der letzte Tag des Jahres. Wie kann das sein, wo das Kirchenjahr doch gerade erst begonnen hat? Der Grund liegt in der Kalenderreform von 1582, bei der die Kirche sich dem weltlichen Kalendarium anpasste und das Jahresende auf den 31. Dezember gelegt wurde. Das war zugleich der Todestag von Papst Silvester I., dem Schutzheiligen der Tiere und Helfer der Kranken.

Außerdem berichtet eine Legende, dass einmal ein Gift speiender Drache unter dem römischen Forum Romanum hauste und von Silvester besiegt wurde. Seitdem gilt der Heilige auch als Vertreiber von bösen Geistern. Kein Wunder also, dass er zum Wächter über den Jahreswechsel wurde, denn vor bösen Geistern fürchteten sich die Menschen sehr.

Was mögen die kommenden 365 Tage wohl bringen? Schon immer haben Menschen versucht, einen Blick in die Zukunft zu werfen. Dazu werden verschiedene Orakel befragt.

Wachsgießen

Ein Löffel flüssiges Kerzenwachs wird in eine Schale mit kaltem Wasser gegossen, wo es sofort erstarrt. Was für ein Gebilde zeigt sich? Ein Flugzeug, das eine Reise ankündigt? Eine Münze, die Geldsegen verspricht? Jeder Versuch bietet reichlich Stoff für fantasievolle Mutmaßungen über die Zukunft.

Hufeisenwerfen

Ein Hufeisen wird über die Schulter geworfen – und dabei kann man eigentlich nur Glück haben: Fällt das Hufeisen so zu Boden, dass die offene Seite vom Betrachter aus gesehen nach oben zeigt, ist es sozusagen offen für das Glück. Liegt es so, dass die Öffnung nach unten zeigt, leitet es das Glück nach innen.

Erbsensuppe und Silvesterkarpfen

Natürlich kommt auch dem Essen am letzten Tag des Jahres eine zukunftsweisende Bedeutung zu, z. B. der Erbsensuppe: Die vielen Erbsen darin sollen Reichtum und Wohlstand für das kommende Jahr versprechen.

Der Karpfen, an Silvester ebenso beliebt wie zu Weihnachten, steht als Glückssymbol in vielen Haushalten auf dem Speisezettel. Wer sich eine der glänzenden Schuppen ins Portemonnaie steckt, dem wird im kommenden Jahr das Geld nie ausgehen.

Ganz wichtig: Von der letzten Mahlzeit des alten Jahres muss ein Rest stehen bleiben bis zum Neujahrsmorgen – nur dann ist garantiert, dass auch im neuen Jahr immer genug auf dem Tisch stehen wird.

Rummelpottlaufen

Ein typisch norddeutscher Silvesterbrauch ist das Rummelpottlaufen. Der Rummelpott ist eine Art Felltrommel, die durch Reiben ein brummendes Geräusch von sich gibt. Kinder laufen damit geschminkt und verkleidet von Haus zu Haus und singen alte Rummelpottlieder, mit denen sie süße Gaben einfordern.

Feuerblumen und laute Böller

Vor mehr als tausend Jahren wurde in China das Schwarzpulver erfunden. Gegen Ende des 13. Jahrhunderts sollen holländische Seefahrer die Kenntnis von dem magischen Pulver nach Europa gebracht haben. Anfangs wurde Schwarzpulver zu Kriegszwecken genutzt, doch schon 1379 gab es im italienischen Vicenza das erste friedliche Feuerwerk.

Auch im Islam ist der letzte Monat des Jahres von besonderer Bedeutung, denn dann findet die Pilgerfahrt nach Mekka statt, die mit dem Opferfest endet. Da sich der islamische Kalender nach dem Mondjahr richtet, fällt der letzte Monat aber nur selten mit dem Dezember zusammen.

WINTER

Der Januar ist nach dem doppelgesichtigen römischen Gott Janus benannt, dem Gott des Eingangs und des Ausgangs oder auch des Anfangs und des Endes. Ein altes deutsches Wort für den Januar ist Hartung: Er ist der härteste Wintermonat, weil es nun meist erst so richtig kalt wird.

Prosit Neujahr!

Wie jeder Anfang ist auch der Jahresbeginn mit Hoffnungen und Erwartungen für die kommende Zeit verbunden. Schon um Mitternacht hat man sich gegenseitig ein frohes neues Jahr gewünscht oder, beim Anstoßen mit Sekt, ein Prosit Neujahr. Das leitet sich vom lateinischen prodesse, „nützen" oder „zuträglich sein" ab. Man wünscht sich also, der Schluck Sekt möge gut sein für den Trinkenden und für das neue Jahr. Verkürzt wurde daraus „Prost".

Am Neujahrstag geht es mit dem Glückwünschen weiter. Zu Neujahrsbesuchen bei Verwandten und Nachbarn kam man mit kleinen Geschenken in Form von süßem Gebäck oder Kuchen. Besonders beliebt waren Brezeln und geflochtene Kränze, die in ihrer Endlosform für ein langes Leben stehen.

Glücksschwein, Kleeblatt, Schornsteinfeger

Marzipanschweine haben jetzt Hochkonjunktur: Als Glücksschweine sollen sie dem Beschenkten Wohlstand bescheren. In ihnen lebt vermutlich die Erinnerung an den wilden Eber weiter, den die Germanen als heiliges Tier verehrten.

Vierblättrige Kleeblätter gelten ebenfalls als Glücksbringer, schon allein, weil sie in der Natur selten vorkommen.

Der Schornsteinfeger wehrt Unglück ab: Weil er den Ruß in Schornsteinen und Kaminen entfernt, verringert sich die Gefahr von Hausbränden. Wer den Schornsteinfeger berührt und sich Ruß ins Gesicht schmiert, soll das Glück herbeirufen können.

Die Raunächte

Alles steht nun auf Neubeginn, und doch ist etwas aus dem alten Jahr mit in das neue Jahr gekommen: Es sind die Raunächte, die am 24. Dezember begonnen haben und noch bis zum 6. Januar dauern. Sie markieren zugleich die zwölf Tage der Weihnachtszeit, denn Weihnachten endet erst am Dreikönigstag.

Die Raunächte sind Räuchernächte: Haus und Stall wurden früher mit segensreichen Kräutern ausgeräuchert, um böse Geister zu vertreiben. In diesen dunkelsten Nächten des Jahres war die Angst vor unheimlichen Wesen, die den Menschen übelwollen, besonders groß.

Am 24. Dezember wird meist mit Myrrhe geräuchert. Sie soll beim Loslassen des alten Jahres helfen. In der Silvesternacht und an Neujahr kommt Wacholder zum Einsatz, der als Schutzkraut gegen alles Schlechte gilt. Zum Dreikönigstag wird Weihrauch verbrannt, neben der Myrrhe eine der Gaben der Heiligen Drei Könige.

Selber räuchern: So geht es

Früher benutzte man Glut aus dem Ofen und eine Eisenpfanne. Die Kräuter wurden direkt auf die glimmenden Holz- und Kohlestücke gelegt. Heute gibt es feuerfeste Räuchergefäße und Räucherkohle in Form von Kohletabletten zu kaufen. Salbei, Beifuß und Wacholdernadeln sind klassische Räucherkräuter.

Sie können auch ohne Kohle direkt in einem Blumenuntersetzer aus Ton angezündet werden. Dieser wird in eine Schale mit Vogelsand gestellt, die sich gefahrlos herumtragen lässt. Noch einfacher geht es mit Räucherstäbchen. Auch die geschnitzten Räuchermännchen aus dem Erzgebirge lassen die Tradition des Räucherns wiederaufleben.

Die Heiligen Drei Könige

Als Jesus geboren wurde, soll ein ungewöhnlich heller Stern am Himmel geleuchtet haben. Die Bibel erzählt, wie drei Sterndeuter der rätselhaften Himmelserscheinung folgten, die sie geradewegs nach Bethlehem und zum neugeborenen Jesus führte. Die Sterndeuter brachten Geschenke mit: Gold, Weihrauch und Myrrhe, kostbare Gaben, weshalb man die Besucher im Laufe der Zeit für Könige hielt. Die Sterndeuter wurden zu den Heiligen Drei Königen.

Am 6. Januar, dem Dreikönigstag, wird an sie erinnert. Kinder ziehen als Sternsinger verkleidet von Haus zu Haus, singen und sammeln Geld für notleidende Menschen. Über die Eingangstür schreiben sie die Jahreszahl und C + M + B. Das sind die Anfangsbuchstaben der Namen, die den drei Sterndeutern zugeschrieben wurden: Caspar, Melchior und Balthasar. Gleichzeitig ist das die Abkürzung für einen lateinischen Segensspruch: *Christus mansionem benedicat*, Christus segne dieses Haus.

Auch in Norddeutschland kennt man die Perchta. Hier heißt sie Frau Harke oder Frau Gode. Und in den Märchen, die sich die Menschen seit Jahrhunderten erzählen, lebt sie als Frau Holle weiter: Wenn sie ihr Federbett ausschüttelt, schneit es auf der Erde.

Perchtenläufe

Die Perchta ist eine uralte Naturgöttin, Herrin über Sonne, Regen und Fruchtbarkeit. Weil sie auch über Wind und Wolken herrscht, wird sie zugleich für Stürme, Schnee und Winterkälte verantwortlich gemacht.

Vor allem in Süddeutschland finden zum Dreikönigstag Perchtenläufe statt, in manchen Regionen außerdem an Neujahr und zur Fastnacht. Dann ziehen junge Männer mit Holzmasken und Zottelfellen verkleidet durch die Straßen, scheuchen alle, die sich draußen aufhalten, herum und veranstalten möglichst viel Lärm.

Winterspiele im Schnee

Im Januar herrscht oft tiefster Winter. Die Temperaturen sinken unter den Gefrierpunkt und wenn es dann schneit, bleibt die weiße Pracht tatsächlich liegen. Jetzt macht es Spaß, sich im Freien zu vergnügen!

Klootschießen

Ein Klassiker in Norddeutschland ist das Klootschießen. Es findet auf Wiesen oder Feldwegen statt. Zwei Mannschaften treten gegeneinander an und versuchen jeweils, eine mit Blei ausgegossene Holzkugel mit einem kräftigen Wurf möglichst weit durch die Luft zu schleudern. Am Boden rollt die Kugel noch ein ganzes Stück weiter, sie „trüllert". Auch dieser „Trüll" zählt. Die besten Werfer schaffen Weiten über 100 Meter. In Ostfriesland finden regelrechte Dorfwettkämpfe statt.

Hörnerschlittenrennen

Mit den Hörnerschlitten transportierten die Allgäuer Bauern früher Heu und Holz ins Tal. Dabei lieferten sich vor allem die jungen Burschen immer wieder Wettkämpfe. Inzwischen ist ein Sport daraus geworden, der regelmäßig viele Zuschauer anzieht. Das größte und älteste Hörnerschlittenrennen findet am Faschingssamstag in Pfronten im Ostallgäu statt. In vielen anderen Orten kommen die Schlitten von Anfang Januar an zum Einsatz, so z. B. in Gunzesried.

Für die Vögel

Der 22. Januar ist der Tag des heiligen Vinzenz. Er gilt als Schutzpatron der Vögel; ein guter Anlass, spätestens jetzt mit der Vogelfütterung zu beginnen!

Schnee-Engel

Seit wie vielen Jahrhunderten die Menschen wohl schon an diesem Schneespiel ihre Freude haben? Den Schnee-Engel kennt jedes Kind: Auf den Rücken in den Schnee legen, mit Armen und Beinen auf- und abwärts durch den Schnee fahren. Vorsichtig aufstehen, um das Bild nicht zu zerstören: Ist der Engel gelungen?

2. Februar: Mariä Lichtmess

In diesem Fest sind eine alte römische und eine jüdische Tradition verschmolzen. Schon etwa 500 Jahre v. Chr. fanden in dieser Zeit des Jahres im Alten Rom die Reinigungsrituale des Februarfestes statt, die mit Lichterprozessionen einhergingen.

Für Juden war es üblich, nach der Geburt eines Kindes im Tempel ein Reinigungsopfer darzubringen und um göttlichen Segen zu bitten. Die Bibel berichtet, dass auch Maria und Josef mit dem kleinen Jesus 40 Tage nach seiner Geburt zu diesem Zweck in den Tempel nach Jerusalem kamen. Dort wurde Jesus vom weisen Simeon und der Prophetin Hanna als Sohn Gottes erkannt.

In der katholischen Kirche wird 40 Tage nach Weihnachten Mariä Lichtmess gefeiert. Dazu gehören Prozessionen und Kerzenweihen.

Der **Februar** ist nach dem alten römischen Gott Februus, dem Gott der Unterwelt, benannt. Februa hieß ein großes Reinigungsfest, das nicht nur für die Lebenden, sondern auch für die Toten in der Unterwelt begangen wurde. Es fand in der zweiten Hälfte des letzten Monats im römischen Jahr statt. Bei uns ist der Februar der zweite Monat des Jahres geworden. Ein alter Name für den Februar ist Hornung: In dieser Jahreszeit werfen Hirsche ihre Geweihstangen ab und Rehböcke ihr Gehörn. Anschließend wächst ihnen ein neuer Kopfschmuck.

Kerzen ziehen

Material: Kerzenreste oder Bienenwachs, Dochte, Nägel, eine saubere Konservendose, Schere, Küchenmesser, Kochtopf, Wasser, Drahtbügel

So geht's: Kerzenreste mit einem Messer zerkleinern und die Dochtreste entfernen. Das Wachs in die Konservendose füllen und die Dose in einen Topf mit heißem Wasser stellen. Im Wasserbad schmelzen. Neue Dochte etwa eine Handbreit länger abschneiden, als die Kerzen gezogen werden sollen. So lassen sie sich zum Trocknen aufhängen. Am unteren Dochtende einen Nagel als Gewicht festbinden. Den Docht kurz in das flüssige Wachs tauchen, herausziehen, antrocknen lassen. Den Vorgang so oft wiederholen, bis die Kerze die gewünschte Dicke hat. Zum Trocknen an einen Drahtbügel binden.

Tipp: Den Fußboden am besten mit etwas Zeitungspapier abdecken, falls sich ein paar Wachstropfen lösen.

Zu Lichtmess wird vielerorts traditionell Pfannkuchen, auch Eierkuchen genannt, gebacken. Mit diesem Brauch, der sich bereits im Mittelalter entwickelte, ist auch ein Orakelglaube verbunden: Wenn es beim Backen gelingt, den ersten Pfannkuchen durch Hochwerfen in die Luft perfekt zu wenden, dann geht das ganze Jahr über das Haushaltsgeld nicht aus.

Zum Ausprobieren gibt's dieses Rezept für etwa vier Portionen:

Selbst gebacken: feine Pfannkuchen

Zutaten: 300 g Mehl, 4 Eier, eine Prise Salz, 0,5 l Milch, Butter oder Öl zum Backen, Zucker und Zimt zum Bestreuen

Zubereitung: Alle Zutaten zu einem glatten Teig verrühren. Falls die Masse zu dick aufquillt, noch etwas Milch dazugeben. Fett in einer Pfanne erhitzen. Teig portionsweise einfüllen und von beiden Seiten goldbraun backen. Mit Zucker und Zimt bestreuen und möglichst gleich essen.

ÖL

14. Februar: Valentinstag

Valentin von Rom war im 3. Jahrhundert Priester oder sogar Bischof. Ganz genau weiß man das nicht, es gibt unterschiedliche Berichte darüber. Die Legende erzählt, dass Valentin alle, die zu ihm kamen, mit Blumen aus seinem kleinen Garten beschenkte. Außerdem wagte er es, Brautpaare christlich zu trauen, obwohl der römische Kaiser das verboten hatte. Auf dessen Befehl wurde Valentin am 14. Februar 269 hingerichtet.

Schon im Mittelalter kam der Brauch auf, die Geliebte an diesem Tag mit Blumen zu überraschen. Heute ist das nicht mehr nur Männersache: Verliebte und auch Freunde erfreuen sich gegenseitig mit liebevollen Kärtchen, Blumengrüßen oder kleinen Kuchen in Herzform.

Liebesäpfel zum Verschenken
(oder Selberessen!)

Zutaten für sechs Stück:
6 kleine säuerliche Äpfel
450 g Zucker
50 ml kaltes Wasser

1 TL rote Lebensmittel-
farbe, 1 TL Zitronensaft,
6 Schaschlikspieße
Zucker für das Backblech

Zubereitung: Gewaschene Äpfel einzeln auf Schaschlikspieße stecken. Ein Backblech mit Zucker bestreuen und bereitstellen. Zucker mit Wasser, Lebensmittelfarbe und Zitronensaft unter ständigem Rühren schmelzen. Sobald die Zuckerlösung klar wird, vom Herd nehmen, die Äpfel eintauchen und drehen, bis sie gleichmäßig von der Glasur überzogen sind. Zum Trocknen auf das Blech mit dem Zucker setzen.

FEBRUAR

Auch im Judentum kennt man ein Narrenfest. **Purim** ist vor allem ein Masken- und Verkleidungsfest für Kinder. Es geht auf die Geschichte des frommen Juden Mordechai zurück, der sich weigerte, den Perserkönig Ahasver wie einen Gott zu verehren. Der Wesir Ahasvers, Haman, wollte daraufhin alle Juden im Perserreich töten lassen. Mordechai selbst sollte das Los ziehen, das über den Tag entscheiden sollte. Doch Esther, die Frau des Königs, erfuhr davon. Sie war selbst eine Jüdin. Als sie dem König von Hamans Plan erzählte, geriet er in Zorn und ließ seinen Wesir hinrichten. Purim wird am 14. und 15. Adar gefeiert, also im Februar oder März.

Die Zeit der Narren

Fasching, Fastnacht oder Karneval: Die Bezeichnung variiert je nach Region, überall steht jedoch das närrische Treiben im Mittelpunkt. Je lauter, bunter und wilder, desto besser, denn die Narren haben eine wichtige Aufgabe: Sie treiben den Winter aus.

Mit der Verbreitung des Christentums markierten die tollen Tage gleichzeitig den Übergang zur Fastenzeit. Ursprünglich wurde nur am Abend und in der Nacht vor dem Fastenbeginn gefeiert. Daher stammt auch der Name Fastnacht. Bevor die karge Zeit des Fastens begann, wollte man noch einmal so richtig ausgelassen sein und reichlich essen und trinken. Darauf verweist auch das Wort Karneval: Es kommt vom lateinischen *carne vale* und heißt frei übersetzt „Leb wohl, Fleisch". Fleisch gehörte zu den in der Fastenzeit verbotenen Speisen.

Im Mittelalter dehnte sich der Karneval von der Fastnacht auf weitere Tage aus. Als Höhepunkt gelten heute der Rosenmontag und der Faschingsdienstag.

Am 11. 11. geht es los!

Genau genommen beginnt der Karneval nicht erst im Februar. Der Startschuss fällt bereits am 11. 11. um 11 Uhr 11. Die Elf gilt als magische Zahl, ihr wurden sogar teuflische Kräfte zugeschrieben, weil sie die heilige Zehn der Zehn Gebote übersteigt. Jetzt wird allerorten nicht nur der Karnevalsprinz gewählt, auch die zahlreichen Karnevalsvereine nehmen ihre Arbeit auf. Schließlich gibt es eine Menge vorzubereiten!

Im Rheinland haben die großen Rosenmontagsumzüge Tradition. Auf prunkvoll geschmückten Festwagen werden mit riesigen Figuren aus Pappmaché gern Politiker aufs Korn genommen. Die Zuschauer am Straßenrand freuen sich über Kamelle, die von den Narren in die Menge geworfen werden. Ursprünglich waren das tatsächlich Karamellbonbons, heute sind es Süßigkeiten aller Art.

Weiberfastnacht

Am Donnerstag vor dem Aschermittwoch übernehmen in vielen Karnevalsregionen die Frauen das Regiment. Bei der Weiberfastnacht im Rheinland müssen die Männer um ihre Krawatten fürchten: Erwischen die Möhnen, wie die Frauen genannt werden, einen Schlipsträger, wird zur Schere gegriffen und das Machtsymbol abgeschnitten.

Der **Rosenmontag** verdankt seinen Namen einem kirchlichen Ereignis. Er folgt auf den Sonntag Laetare, der auch Rosensonntag heißt. Früher war es üblich, dass der Papst an diesem Sonntag eine goldene Rose segnete und dann einer Person oder einer Institution überreichte, die sich um die Kirche besonders verdient gemacht hatte.

Die Perchten sind los!

Fast im ganzen Alpenraum machen erneut die Perchten die Straßen unsicher. Wie schon in der Silvesternacht und am Dreikönigstag ziehen sie mit Schellengeklingel und Kettengerassel umher. Die guten Perchten tragen eine Frauenmaske und verteilen Süßigkeiten. Böse Perchten haben eine teuflische Fratze und erschrecken die Zuschauer mit wilden Sprüngen, Lärm und allerlei Schabernack.

Die Fastnacht wird verbrannt

Aus einem alten heidnischen Brauch ist auch das Verbrennen der Fastnacht hervorgegangen: Die gleichnamige Strohpuppe, die am frühen Morgen des Aschermittwoch verbrannt wird, besiegelt nicht nur offiziell das Ende der Feiern und den Beginn der Fastenzeit, sondern dient auch einem alten Fruchtbarkeitsritual. Weil dieser Asche besondere Kräfte zugesprochen wurden, streute man sie auf die noch winterlichen Felder, in der Hoffnung, dass sie die Saat wecken und neue Fruchtbarkeit bringen würde.

Auch der Islam kennt eine Fastenzeit. Während des Fastenmonats Ramadan, nach dem islamischen Mondkalender der neunte Monat, verzichten die Gläubigen von Sonnenauf- bis Sonnenuntergang auf Speisen und Getränke. Ramadan endet mit dem dreitägigen Fest des Fastenbrechens Id Al-Fitr.

Am Aschermittwoch ist alles vorbei ...

Mit dem Karnevalsdienstag sind die tollen Tage endgültig vorüber. Am Aschermittwoch beginnt die Fastenzeit. In Erinnerung an Jesus, der 40 Tage in der Wüste fastete und betete, sollen auch Christen so lange Verzicht üben und innere Einkehr halten. Von Aschermittwoch bis Karsamstag sind es 46 Tage; die sechs Sonntage sind von der Fastenzeit ausgenommen.

Zum Zeichen der Umkehr lassen sich vor allem gläubige Katholiken schon seit 100 Jahren vom Priester ein Aschekreuz auf die Stirn zeichnen. Die Asche besteht aus den gesegneten und verbrannten Palmzweigen des Palmsonntags vom Vorjahr.

Ende Februar geht der Winter dem Ende entgegen. Noch scheinen Schnee, Regen und Kälte nicht weichen zu wollen, aber das Tageslicht nimmt bereits wieder zu. Und manchmal kann man sogar schon die ersten Meisen zwitschern hören.

Der **Februar** ist von allen Monaten der kürzeste, er hat nur 28 Tage. In manchen Jahren können es jedoch 29 sein. Unser Kalender stimmt nicht hundertprozentig mit dem Sonnenjahr überein, das 365,24 Tage dauert – also etwa einen viertel Tag länger. Deshalb wird alle vier Jahre ein zusätzlicher Tag eingefügt. Sonst würden sich die Jahreszeiten allmählich immer weiter verschieben, bis der Frühling irgendwann im November beginnt.

Feuer, Funken, Frühlingszeit

Seit jeher ersehnen die Menschen ungeduldig den Frühling. Uralt sind die Bräuche in dieser Zeit des Wartens.

Beim Saatgang wurden früher Kinder und Jugendliche mit Fackeln über die Felder geschickt. Sie verkörperten nicht nur die kommende Generation und damit den Weitergang des Lebens, sondern sollten mit ihren Lichtern auch die Saat aufwecken. Häufig fanden die Fackelzüge schon am ersten Fastensonntag statt. Deshalb wurde dieser Tag im Volksmund auch Funkensonntag genannt.

Biikebrennen

Ein alter norddeutscher Brauch ist das Biikebrennen, das immer am 21. Februar veranstaltet wird, am Vorabend des Petritages. An den Stränden der Nordseeinseln und entlang den Küsten brennen dann große Feuer. *Biike* kommt aus dem Friesischen und heißt „Leuchtfeuer". In heidnischer Zeit sollten die Biikefeuer den Winter austreiben und Dämonen fernhalten. Später wurden Abschiedsfeuer daraus, denn am Petritag begann die Walfangsaison. Nun brachen die Walfänger zu ihren großen Fahrten auf.

FEBRUAR

Winter ade, Scheiden tut weh

Winter ade!
Scheiden tut weh!
Aber dein Scheiden macht,
dass mir das Herze lacht.
Winter ade!
Scheiden tut weh!

Winter ade!
Scheiden tut weh!
Gerne vergess' ich dein,
kannst immer ferne sein.
Winter ade!
Scheiden tut weh!

Winter ade!
Scheiden tut weh!
Gehst du nicht bald nach Haus,
lacht dich der Kuckuck aus.
Winter ade!
Scheiden tut weh!

Hoffmann von Fallersleben

ANHANG

Der jüdische Kalender

Der jüdische Kalender orientiert sich sowohl am Mond- als auch am Sonnenjahr, er ist also ein Lunisolarkalender. Da Mond- und Sonnenjahre unterschiedlich lang sind, werden die zwölf Monate in festgelegten Schaltjahren um einen dreizehnten Monat ergänzt. Der sogenannte We-Adar („Noch ein Adar") liegt dann vor dem eigentlichen Monat Adar. Ein neuer Monat beginnt jeweils dann, wenn sich die schmale Sichel des Neumonds das erste Mal am Himmel zeigt.

Die Monate im jüdischen Jahr

Tischri, etwa September/Oktober

Heshvan, etwa Oktober/November

Kislew, etwa Anfang November/Dezember

Tewet, etwa Dezember/Januar

Schwat, etwa Januar/Februar

Adar, etwa Februar/März

Nisan, etwa März/April

Ijjar, etwa April/Mai

Siwan, etwa Mai/Juni

Tammus, etwa Juni/Juli

Aw, etwa Juli/August

Elul, etwa August/September

Jeder Monat ist in Wochen und Tage gegliedert, eine Woche hat sieben Tage. Die Wochentage tragen statt Namen Ordinalzahlen, nur der siebte Tag ist etwas Besonderes. Es ist der Schabbat, der jüdische Ruhetag.

Die jüdische Zeitrechnung beginnt mit dem Schöpfungsjahr, für das man das Jahr 3761 v. Chr. errechnet hat. Demnach befinden wir uns bereits im 6. Jahrtausend.

Der islamische Kalender

Der islamische Kalender richtet sich nach dem Mondjahr. Weil es elf Tage kürzer ist als ein Sonnenjahr, wandern die Monate rückwärts durch das Jahr. Deshalb ist z. B. der wichtige Fastenmonat Ramadan nicht auf eine bestimmte Jahreszeit festgelegt. Monatsbeginn ist wie beim jüdischen Kalender jeweils, wenn die Sichel des Neumonds zum ersten Mal zu erkennen ist.

Die Monate im islamischen Jahr

Muharram

Safar

Rabi al-awwal

Rabi ath-thani

Dschumada´l-ula

Dschumada´l-achira

Radschab

Scha'ban

Ramadan

Schawwal

Dhual-Qa'da

Dhual-Hiddscha

Die islamischen Wochentage

    Sonntag yaum al-ahad

    Montag yaum al-ithnayna

    Dienstag yaum ath-thalatha

    Mittwoch yaum al-arba`a

    Donnerstag yaum al-hamis

    Freitag yaum al-dschum`a

    Samstag yaum as-sabt

Die islamische Zeitrechnung beginnt im Jahr 622 n. Chr. mit der Hidschra, der Auswanderung des Propheten Mohammed von Mekka nach Medina.

Julianischer und Gregorianischer Kalender

Der Julianische Kalender stammt noch aus römischer Zeit, war aber bis ins 16. Jahrhundert hinein gültig. Julius Cäsar führte ihn im Jahr 46 v. Chr. ein. Der Julianische Kalender weist bereits 365 Tage auf, deren Verteilung auf die einzelnen Monate der heutigen Aufteilung entspricht. Er ist jedoch um 11 Minuten und 44 Sekunden länger als ein Sonnenjahr, außerdem führte er zu einer falschen Datierung des christlichen Osterfestes. 1582 gab es unter Papst Gregor XIII. deshalb eine Kalenderreform, die eine verbesserte Regel zur Einsetzung von Schaltjahren und die genaue Berechnung von Frühlingsbeginn und erstem Frühlingsvollmond beinhaltete, beides unerlässlich für die Datierung des Osterfestes. Dieser Gregorianische Kalender ist heute das weltweit anerkannte Kalendersystem.

Bewegliche Feiertage

Bewegliche Feiertage fallen nicht jedes Jahr auf das gleiche Datum, sondern können sich leicht verschieben. Es sind meist kirchliche Feiertage, deren Berechnung sich am bedeutendsten christlichen Fest, dem Osterfest, orientiert.

Karfreitag: der Freitag vor Ostern

Ostersonntag: der erste Sonntag nach dem ersten Frühlingsvollmond

Himmelfahrt: 40 Tage nach Ostern, immer ein Donnerstag

Pfingsten: 50 Tage nach Ostern

Fronleichnam: 60 Tage nach Ostern, immer ein Donnerstag

Buß- und Bettag: Mittwoch vor dem Ewigkeitssonntag (letzter Sonntag vor dem 1. Advent; da der Beginn der Adventszeit vom festen Datum des Weihnachtsfestes abhängt, kann der Buß- und Bettag als einziger Feiertag unabhängig vom Osterfest errechnet werden.)

Das Kirchenjahr

Anders als unsere Kalender kennt das Kirchenjahr weder Monate noch Jahreszeiten, es beginnt auch nicht am 1. Januar oder endet am 31. Dezember. Stattdessen ist der Advent, also die Vorbereitung auf die Ankunft Jesu Christi und seine Geburt, der Beginn des Kirchenjahres. In wiederkehrenden Festtagen und Festkreisen wird dann das Leben und Wirken Jesu Christi beschrieben – von seiner Geburt bis zu seinem Tod und der Auferstehung.

Die evangelische und die katholische Kirche feiern größtenteils die gleichen Feste, teilweise haben sie aber unterschiedliche Namen. Im Kirchenjahr folgt nach dem Weihnachtsfestkreis, der früher bis zu Mariä Lichtmess am 2. Februar dauerte, heute aber meist am 6. Januar endet, der Osterfestkreis. Er beginnt am Aschermittwoch mit dem Eintritt in die Fastenzeit und dauert bis Pfingsten. Daran schließt die Trinitatiszeit an, wie sie bei den evangelischen Christen heißt, oder die Zeit im Jahreskreis, so nennen sie die katholischen Christen. Es ist die längste Kirchenzeit im Jahr, sie beginnt mit Trinitatis, dem Sonntag nach Pfingsten, und endet für die evangelische Kirche mit dem Ewigkeitssonntag, auch Totensonntag genannt. Für die katholische Kirche markiert der Christkönigssonntag, also der Sonntag vor dem ersten Advent, das Ende der Trinitatiszeit.

WEIHNACHTSFESTKREIS

ADVENT

WEIHNACHTEN

EPIPHANIAS – ERSCHEINUNG DES HERRN

ASCHERMITTWOCH
FASTENZEIT
PALMSONNTAG
KARWOCHE
GRÜNDONNERSTAG
KARFREITAG
OSTERN
CHRISTI HIMMELFAHRT

OSTERFESTKREIS

Den Festen im Kirchenjahr sind die Farben Weiß, Violett, Rot und Grün zugeordnet, wobei jede Farbe für eine andere Stimmung steht. Während der Gottesdienste sind die Kirchen in diesen Farben geschmückt, bei den Katholiken trägt der Pfarrer ein Gewand in der entsprechenden Farbe.

Weiß gekennzeichnet sind die Feste der Freude, also z. B. Weihnachten oder das Dreifaltigkeitsfest. Violett steht für Zeiten der Stille und des Nachdenkens, dazu gehören der Advent und die Fastenzeit. Die Farbe Rot steht in der katholischen Kirche nicht nur für hohe Festtage, sondern ganz besonders auch für die Leiden Christi: Deshalb wird sie z. B. an Karfreitag eingesetzt. In evangelischen Kirchen findet man an diesem Tag dagegen violett, manchmal auch schwarz. Rot gilt als Farbe der Liebe, der Kraft Gottes und des Heiligen Geistes und ist z.B. mit dem Pfingstfest verbunden. Das Erntedankfest und die Sonntage nach Trinitatis sind grün markiert. Diese Farbe steht für Hoffnung und Wachstum.

Register

Quellenangaben

Literatur

Schönfeldt, Sybil Gräfin: Feste und Bräuche durch das Jahr, Urania Verlag, Berlin 1999

Holtei, Christa: Das große Familienbuch der Feste und Bräuche, Patmos, Düsseldorf 2005

Internet

Evangelisches Kirchenjahr und Brauchtum:
    www.ekd.de
    www.evangelisch.de

Katholisches Kirchenjahr und Brauchtum:
    www.katholisch.de/glaube/unser-kirchenjahr
    www.kath.de

Ökumenisches Heiligenlexikon:
    heiligenlexikon.de

Islamische Feste:
    www.religionen-entdecken.de/lexikon/f/feste-im-islam
    www.islamische-feiertage.de

Jüdische Feste:
    www.religionen-entdecken.de/lexikon/f/feste-und-feiertage-im-judentum
    www.hagalil.com/judentum/feiertage

Labyrinthe:
    www.begehbare-labyrinthe.de

Gedichte und Lieder:

S. 23: Eduard Mörike, Auf ein Ei geschrieben; Projekt Gutenberg, gutenberg.spiegel.de

S. 28: Max Kruse, Nimm Entenfedern, aus Bartsch, Jochen/Kruse, Max: Windkinder, Ensslin, Eningen 1968; © 2017 Max Kruse Nachlass, vertreten durch AVA international GmbH.

S. 42: Fred Endrikat, Ferien, aus Endrikat, Fred: Liederliches und Lyrisches. Verse vom vergnüglichen Leben, Buchwarte Verlag, Berlin 1940; Projekt Gutenberg, gutenberg.spiegel.de

S. 45: Paula Dehmel, Ich bin der Juli, aus Dehmel, Paula: Das Grüne Haus, Hermann Schaffstein Verlag, Köln 1907; Projekt Gutenberg, gutenberg.spiegel.de

S. 53: Wilhelm Busch, Also lautet ein Beschluss, aus Max und Moritz, 4. Streich, zitiert aus Busch, Wilhelm/Hochhuth, Rolf (Hg.): Und die Moral von der Geschicht. Sämtliche Werke in zwei Bänden, C. Bertelsmann, München 1998 (8. Auflage), Band 1

S. 56: Wilhelm Busch, Die erste alte Tante sprach, aus Kritik des Herzens, zitiert aus Busch, Wilhelm/Hochhuth, Rolf (Hg.): Und die Moral von der Geschicht. Sämtliche Werke in zwei Bänden, C. Bertelsmann, München 1998 (8. Auflage), Band 1

S. 61: In meinem kleinen Apfel, zitiert aus: www.liederprojekt.org

S. 66: Theodor Storm, Oktoberlied; Projekt Gutenberg, gutenberg.spiegel.de

S. 75: Christian Morgenstern, Novembertag, aus Morgenstern, Christian: Gesammelte Werke in einem Band, Piper, München 1974 (11. Auflage)

S. 81: Josef Guggenmos, Geh in den Garten am Barbaratag, zitiert aus Guggenmos, Josef: Ich will dir was verraten, © Beltz & Gelberg in der Verlagsgruppe Beltz, Weinheim Basel 1992

S. 85: Joseph von Eichendorff, Weihnachten; Projekt Gutenberg, gutenberg.spiegel.de

1. Auflage 2018
Copyright © 2018 Gerstenberg Verlag, Hildesheim
Alle Rechte vorbehalten
Einband und Illustrationen sowie Layout
und Satz: Sophie Schmid, München
Text: Ilka Sokolowski, Hannover
Druck und Bindung: TBB, a.s., Banská Bystrica
Printed in the Slovak Republic
www.gerstenberg-verlag.de
ISBN 978-3-8369-5906-3